“冲出重围”带给中小微企业老板的益处

- 帮助企业成长，推动共同富裕
- 帮助企业老板破局重生，强势突围
- 帮助老板形成商业模式顶层设计思维
- 解锁流量转
- 打破惯性思
- 收获一整套流

“冲出重围”珠海万人峰会现场

帮助100万家
中国企业实现

6
4
19

# 赢

## 可变现的商业模式

王冲 主编

Realizable
Business Model
WIN

哈爾濱工業大學出版社
HARBIN INSTITUTE OF TECHNOLOGY PRESS

## 内容简介

本书通过战略、流量、变现、模式、产品架构、团队以及共赢七大模块，近百个头部企业以及学员实操案例，为中小微企业提供一套可落地的变现方案。帮助企业找到困局中的突围之路，形成商业模式顶层的架构思维，解锁流量转化密码，把流量变成销量，服务企业成长，实现共赢共富!

**图书在版编目（CIP）数据**

赢：可变现的商业模式 / 王冲主编. — 哈尔滨：哈尔滨工业大学出版社，2023.9

ISBN 978-7-5767-1048-9

Ⅰ. ①赢… Ⅱ. ①王… Ⅲ. ①商业模式–研究 Ⅳ. ①F71

中国国家版本馆CIP数据核字(2023)第188695号

赢：可变现的商业模式

YING:KEBIANXIAN DE SHANGYE MOSHI

---

图书策划　沃米研习社

策划编辑　李艳文　范业婷

责任编辑　王晓丹　付中英

出版发行　哈尔滨工业大学出版社

社　　址　哈尔滨市南岗区复华四道街10号　邮编 150006

传　　真　0451-86414749

网　　址　http://hitpress.hit.edu.cn

印　　刷　艺通印刷（天津）有限公司

开　　本　170 mm×240 mm　1/16　印张 16　插页 2　字数 277千字

版　　次　2023年9月第1版　2023年9月第1次印刷

书　　号　ISBN 978-7-5767-1048-9

定　　价　99.00元

---

**企业所有的问题，**
**都是老板思维意识的问题。**
**想要改变企业，**
**首先必须要改变老板的思维意识。**

——冲哥说

# 序

商业环境，从产品制胜到渠道制胜，再到商业模式制胜，成长，演进，疾速更迭！今天，我们已经进入到流量和变现制胜的时代！

这个时代，“传统资本”抢不到潜力项目，“传统老板”看不懂赚钱门道，“传统卖货”敌不过粉丝经济。流量逐渐发展成商业的底层逻辑，企业经营的重心变成汇聚和吸引流量——得流量者方能得行业之天下！

即便主动拥抱新规则，我们仍要经历阵痛，因为我们习惯了旧秩序。当前，大部分老板遇到如下六大困境：

· 创业没有模式

· 企业难以生存

· 流量进不来

· 库存变现难

· 困境无法突破

· 团队缺乏战斗力

本书通过“**赢在战略、赢在流量、赢在变现、赢在模式、赢在产品架构、赢在团队和赢在共赢**”七大模块，帮助企业老板冲出困境，实现共赢，成功走进流量和变现时代！

全书不仅有通俗易懂的理论，更列举了真实可落地的方案与方法，让老板通过近50家龙头企业成功案例以及王冲老师近30位学员实操成功案例，看到、学到，进而用到自己的企业中去。如果你正在被如下问题困扰，研读此书将获得答案，豁然开朗。

· 如何通过商道、财道、人道构建未来企业的战略发展方向。

· 如何使用价格策略获取流量、制订会员体系锁定流量、使用赠品策略吸引流量、打造多元合作方式创造新的流量。

· 如何通过产品变现使企业摆脱变现困境，通过团队创造更多的现金流。

· 如何构建六大商业模式，又如何把商业模式在企业经营中落地。

· 如何创造属于这个时代的四大产品——引流产品、黏性产品、赢利产品和延伸产品。

· 如何通过团队激励和机制升级，把更多的人变成自己的合伙人，让团队自立自发地创造业绩，充满斗志和凝聚力。

· 如何让企业、老板、外部合伙人、内部合伙人与客户共赢共生。

看完本书，你将会认同本书最终阐述的观点：企业今天面临的不是单一的产品、渠道、模式、流量和变现的竞争，而是综合性的竞争，赢得竞争必须依靠持续更新的思维模式。生意难做？这是一种错觉，本质上是你的思维模式固化了。

在商业世界中，不是英雄造时势，而是时势造英雄。集涓为流，轰然成势，世界滚滚向前。当新时代到来时，不管我们愿不愿意，都将被裹挟着前进。

祝各位企业家，顺势而为，投身当下，赢得未来！

所引用案例部分来自相关报道及官网，如有不妥之处请联系删改，因时间匆忙，文中或有不足之处，敬请谅解。在此，向各位同仁表示感谢！

# 目 录

CONTENTS

## 第一章 赢在战略



部分精彩案例抢先看

### 企业案例

华为战略：不在非战略机会上浪费资源，而是聚焦主航道，不断地做减法

京东集团：系统性人才布局，打造理想的工作舞台

小米：颠覆式创新，建构生态赢利模式

格力电器：销售体系变革，携手经销商推动渠道融合

名创优品：创新优质低价商业模式

西贝：“中式汉堡”开启合伙人模式

农夫山泉 × 中国银联：喊出“大山的诗歌”，品牌形象双赢

科大讯飞：以人工智能为用户创造价值

智能快递柜：隐性增收

欧派家居：数字新蓝海实力领跑，催生生产全链路效率革命

### 学员实操案例

大枣产品：高端产品高定价，满足用户心理需求

# 第二章
# 赢在流量



部分精彩案例抢先看

**企业案例**

在线教育：用免费学习引流，增强用户的体验感和使用黏性

门店爆店：爆品秒杀，1元引流

杭州西湖：免西湖门票反而拉动经济增长

美容行业：用会员卡制度锁定客户

美容门店：靠赠品实现收入增长

美容洗车行：洗车赠送，靠其他服务赚钱

花店：会员1元品燕窝，3个月营业额突破100万元

**学员实操案例**

钓鱼场找到信息流，快速打开市场

火锅店“双爆”策略引流，业绩增长四倍

主动让利却赚大钱，如何不花钱建立驾培连锁?

如何让合伙人零库存实现快速赢利?

第三章

# 赢在变现



部分精彩案例抢先看

### 企业案例

轻奢品牌：定位高端，服务高端，尊享高端

年轻用户喜爱的品牌：高品质低价格

名创优品：品类极简——基础款，尽可能扩大用户基数

华为：科技点亮非洲数字未来

### 学员实操案例

不卖茶叶卖茶园，实现销量暴增

前端让利主动亏钱，后端追销扭亏为盈

海鲜资格卡，享受全球海鲜盛宴

兄弟共创会资格卡：成为会员享受实惠价格

理发店免费理发半年收入过千万，接连开设 18 家连锁店

小优惠大收入，客似云来，整合周边同业

月子中心如何一周内起死回生

从卖产品到卖项目，转变思维赚大钱

足疗店半年裂变 10 家店，收款 7000 万元

店长变老板，营业额增长 3 倍

# 第四章
# 赢在模式



部分精彩案例抢先看

**企业案例**

海澜之家：加盟商结合为利益共同体，实现低成本快速扩张
今日头条：纵横发展，生态赢利
新农业产业：流量红利助推新农业发展

**学员实操案例**

小龙虾新模式净赚 3000 万元
饮用水双层驱动，直销 + 模式
奶茶店用这招连开 8 家连锁店
整合上下游，模式增业绩
冲哥通过合伙人，建立超级短视频矩阵，获取海量信息流
母婴店私域变现 4000 万元
来健身房就返现金，2 个月净赚 3 套房
一个汽车美容公司的颠覆性创新

# 第五章
# 赢在产品架构



部分精彩案例抢先看

### 企业案例

家装维修：用售后保修进行引流，引爆私域流量池

老人鞋：精准锁定银发市场，填补市场空白

洗地机：用科技改变清洁市场，未来或将成为全民刚需

海尔智能冰箱：厨房里的功能智能化管家

sheme：中国原创文化鞋履品牌，行走的艺术

小米智能电视：国产黑马

### 学员实操案例

火锅店周年店庆锅底免费，连续 9 天锁定 8000 人

将国学文化运用到极致，主打差异化竞争

眼镜店 1 年开 1000 多家店

# 第六章

# 赢在团队



部分精彩案例抢先看

**企业案例**

京东数智平台：赋能品牌，聚力增长
教育培训呼叫中心铸造一支有战力和不屈不挠精神的团队
美容行业招商：高频开会，快速构建渠道
珠宝公司：用合伙人模式提升员工幸福指数，让员工在公司创富
大型互联网公司人才培养："管理、专业双通道"机制阶梯式培养人才

**学员实操案例**

留下优秀员工最好的方法
短视频卖茶叶，一晚热销 100 万元
新经济时代，传统制造业该怎么做？
内部合伙人机制，年营业额 10 亿元变 70 亿元
珠宝公司合伙人裂变，业绩翻番
短视频每天亏 1000 元，引流 1000 个，营业额增 10 倍
通过虚拟利润奖励法，实现年度 8 亿元业绩目标
简单落地的司机薪酬机制
如何让员工变成合伙人
卤味店通过员工合伙裂变实现业绩倍增

# 第七章

# 赢在共赢



部分精彩案例抢先看

**企业案例**

蒙牛：实现五方共赢，蒙牛支持牧场伙伴奶量翻番

伊利：坚持绿色发展，推动美好家园建设

面粉企业：与上下游共赢

胖东来：极致服务，成就商超“海底捞”

360：启航数字安全生态，与合作伙伴筑牢数字安全屏障

**学员实操案例**

调味品行业：整合上下游，不投资收购工厂

不花一分钱整合餐厅，一月收款 160 万元

解决行业痛点，以平台思维推动行业发展

# 赢在战略

定位决定地位，战略定位就是冲出重围。

——王冲

纵观历史，战略的存在已逾数千年。战略无论在过去还是今天都是企业高层管理者面临的严峻挑战。战略蕴含企业的基本使命，昭示企业的独特定位，诚如德鲁克所言："所谓战略，不是研究未来做什么，而是研究今天做什么才能有未来。"当前，消费互联网如火如荼，产业互联网呼啸而来，大数据带来产业的颠覆，人工智能（AI）带给企业前所未有的冲击，世界格局正在发生重大转变。在此多变的商业环境下，企业更急需树立战略共识，制定正确的战略以应对新的机遇与挑战。

关于战略的思考有很多：战略的意义是什么，战略应该如何制定，制定战略是从外向内看还是应该从内向外看，谁是战略执行最合适的人选，战略应该聚焦优势资源还是多元化发展……

# 一、战略的价值——赢

## （一）理解战略的本质：赢的关键

战略，即实现组织整体目标、赢得竞争的根本方法和手段，是企业的生存之道。战略之所以被广泛应用和深入研究，根本原因是我们知道好的战略即意味着“赢”——赢得客户，赢得利润，赢得企业长青。

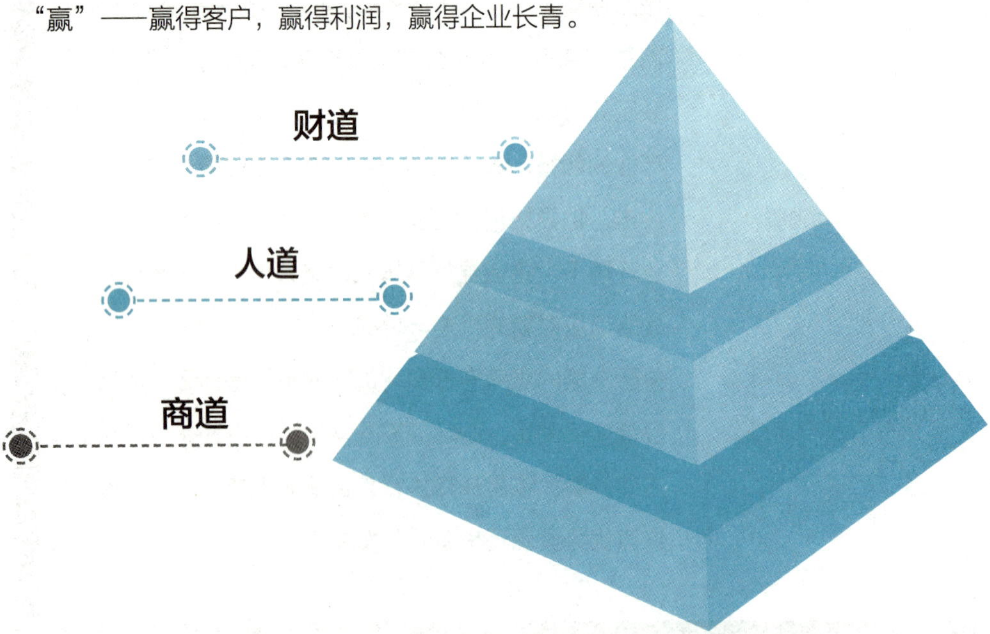

## 华为战略：
## 不在非战略机会上浪费资源，而是聚焦主航道，不断地做减法

“聚焦”和“主航道”是华为管理的主题词，公司通过探索、聚焦和舍弃来达成战略。华为强调聚焦主航道，不在非战略和小机会上浪费资源，这是华为的“战略压强原则”。任正非对这一原则的解读是，千军万马只对准同一个“城墙口”冲锋，不惜一切代价去打开，一旦打开这个缺口，整个城就是你的了。

所以在关键的战略方向上，要投入足够的资源以达到预定的战略效果，就是“杀鸡也用宰牛刀”。华为创立于 1987 年，30 多年间历经多次重大的战略调整。

- **战略选择一：农村包围城市，实现国内替代**

1993 年之前，华为在通信行业的边缘成长，但那时华为还很弱小，缺乏在大城市与行业巨头竞争的能力，采用农村包围城市的战略，通过差异化的业务设计实现国内替代。通过研发投入、组织激励，不断地往产业的上游迁移，建立华为品牌，并且经历了从组装、模仿到自主研发的三个阶段。

- **战略选择二：全球化**

从进入通信领域开始，华为就认识到，通信行业必将进行一场残酷的整合，只有在全球市场立足才有最终生存的可能。只有成为全球化的企业才能在通信领域占有一席之地，而华为在中国本土成长，国际市场的拓展是一个巨大的挑战。

- **战略选择三：从卖设备到卖整体解决方案**

在国际化程度日益加深的同时，华为开始了商业模式的变革，从通信设备提供商转型为电信解决方案提供商，致力于提供全 IP 融合解决方案。

- **战略选择四：成为 ICT 基础设施和智能终端提供商**

2018 年，华为的愿景是把数字世界带入每个人、每个家庭、每个组织，构建万物互联的智能世界。

抢占“天时地利人和”，是战争战略基本观点，而**在企业战略架构中，离不开战略金字塔，即商道、人道、财道。**

**商道**是经商之道，是战略的基础，即企业找到风口、选择在哪条赛道开展业务，这决定了企业的资金到底投资在何处，企业的利润来源于哪里。商道指引企业对其外部和内部的状况进行评估，运用向内看与向外看两个视角确定企业的定位。

## 冲哥说：

**老板奖励的重点就是员工行为的焦点。**

## 京东集团：系统性人才布局，打造理想的工作舞台

京东集团组织体系庞大、人员众多，但其队伍始终保持稳定发展，这得益于京东坚持发展人才的理念，为京东员工打造理想的工作平台。

- **“团队是唯一基础”的人才观**

“企业最大的资产是人。”刘强东提出京东自己的“刘三角”模型。最顶层是用户，最底层是团队。团队是唯一的基础，没有基础就没有任何上层建筑。正是有这样的人才观，

京东才格外重视人才的培养，使得京东在行业内的竞争力得到提升，这值得其他行业借鉴和学习。

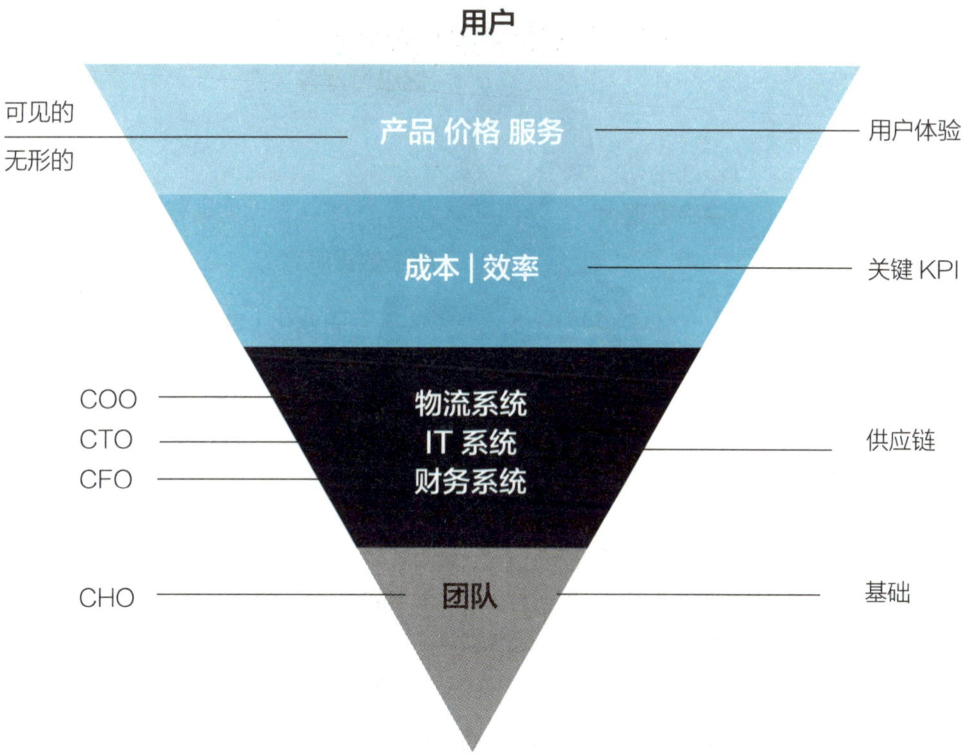


CEO 职责：让每个员工、系统都在这个模型里

• 管培生培养体系

在京东，人才发展始终是一个系统性的全局工作，其培训体系较为完善，尤其值得其他企业借鉴的就是其管理培训生项目“京鹰会”。

从京鹰会培养出来的管理者，平均年龄比公司同级别管理者要年轻 5.5 岁。京东当下的核心骨干都是从京东往届京鹰会走出来的人才，他们已经挑起了京东业务发展的重任，这就是人才培养项目的威力。

- **返乡就业支持**

京东大部分一线员工来自于农村，有些员工因为供应链的下沉而选择了回老家发展。京东则提供技术和政策支持，帮助员工返乡创业，实现就业创业不离乡。

- **人才生态联盟**

京东与生态伙伴携手共建人才生态联盟，定向开放优势资源，相互赋能能力，共同建设生态伙伴之间人才共生共创的平台。处于人才生态联盟中的成员可以进行工作经验交流与职业培训，甚至是在成员间进行轮岗，为生态伙伴赋能人力资源管理能力。

**人道**是经营人心，是战略的关键，即和谁一起执行战略。管理大师拉姆·查兰在《财富》杂志上发表的著名文章《CEO 为什么失败》中介绍了自己的调研结果：“在失败的企业中，有 70% 失败的原因不是战略制定的错误，而在于执行不到位。”在当下的商业环境中选择有意愿、有能力、有资源的合作商尤为重要。

**财道**是如何赢利，是战略的羽翼，即企业采用何种模式赢利，非常重要。
**模式是动态的，随着时代的发展、企业阶段的变化而动态调整。**

## 小米：颠覆式创新，建构生态赢利模式

当今是一个最好的时代，用颠覆式创新设计全新的商业模式，可能会创造商业奇迹。而小米无疑就是新商业模式的开创者之一。

- **以爆品获取流量，占领市场**

打造爆品是获取流量成本最低、性价比最高的方式。小米以爆品引流，建立口碑，收获忠实粉丝。从小米系列手机到小米移动电源、小米手环、小米插线板、小米耳机、小米全自动智能门锁 Pro……每一个爆品的出现，都给用户留下“价格实惠、品质又好”的美好印象。小米爆品是小米商业模式的一个重要组成部分，也可以说是小米商业模式的产物。

- **以互联网思维构建生态赢利模式**

小米以爆品收获了忠实用户并建立口碑，为其生态化布局奠定了基础。小米基于自身技术优势和用户需求，对外投资扩张品类，构建智能生态模式。该模式主要以小米的智能家居、智能穿戴、智能健康等产品为核心，通过智能设备与智能联网的方式，构建起一整套生态系统。同时，小米将智能生态系统与互联网、云计算等技术相结合，为用户提供更全面、更丰富的智能化服务。
总体而言，小米的商业模式是通过建立互联网平台和生态链建设，以高性价比的策略，吸引粉丝并提供高品质的服务，从而实现赢利。

**商道、人道、财道**助力企业战略的落地，依此才能制定出“天时地利人和”的战略。

## （二）创建一个赢得竞争的战略

### 1. 避开战略盲点

在新媒体盛行、大数据 + 互联网 +AI 的背景下，企业在制定战略时，往往会遇到一些盲点，在此列举出来，请进行思考。

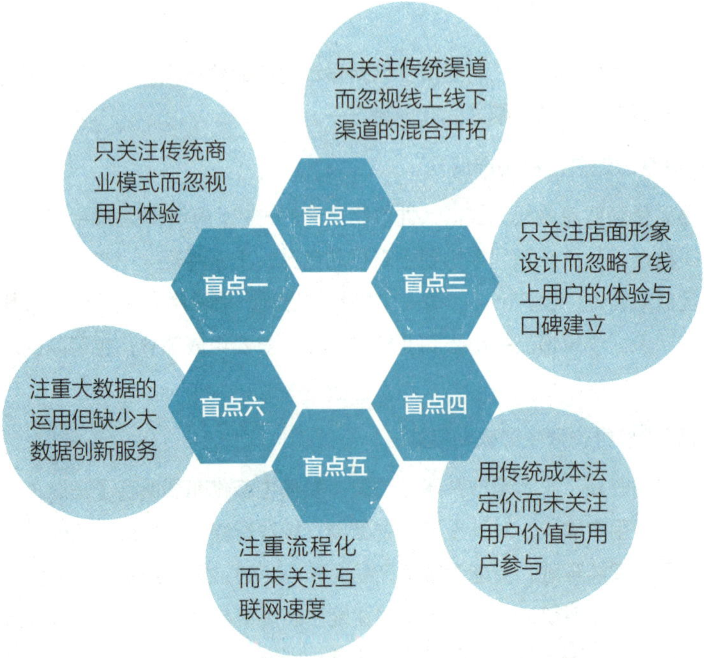


### 2. 战略五定

“策略为用，战略为本。”战略是一套整体逻辑，思考顺序非常重要。明确战略五定，确定正确的思考顺序：先**定位**再依次**定客**、**定模**、**定品**，最后**定价**，企业战略基本成型。战略定位就是冲出重围。

**定位：**确定到底做一家什么样的公司，产品型公司、渠道型公司、用户型公司，还是流量型公司。经营企业就是经营核心价值，定位就是寻找核心价值。

**定客：**确定产品面向的客户群体，高消费群体、中消费群体还是大众群体。

**定模：**确定具体的商业模式，直销模式、连锁模式、互联网模式、资本模式、金融模式还是产业链模式（又叫垄断模式）。

**定品：**确定产品的架构及功能，产品分为引流产品、赢利产品、黏性产品、延伸产品和同心多元产品。

**定价：**定价是战略的最后一环，包括免费策略、低价策略、高端策略和组合策略。

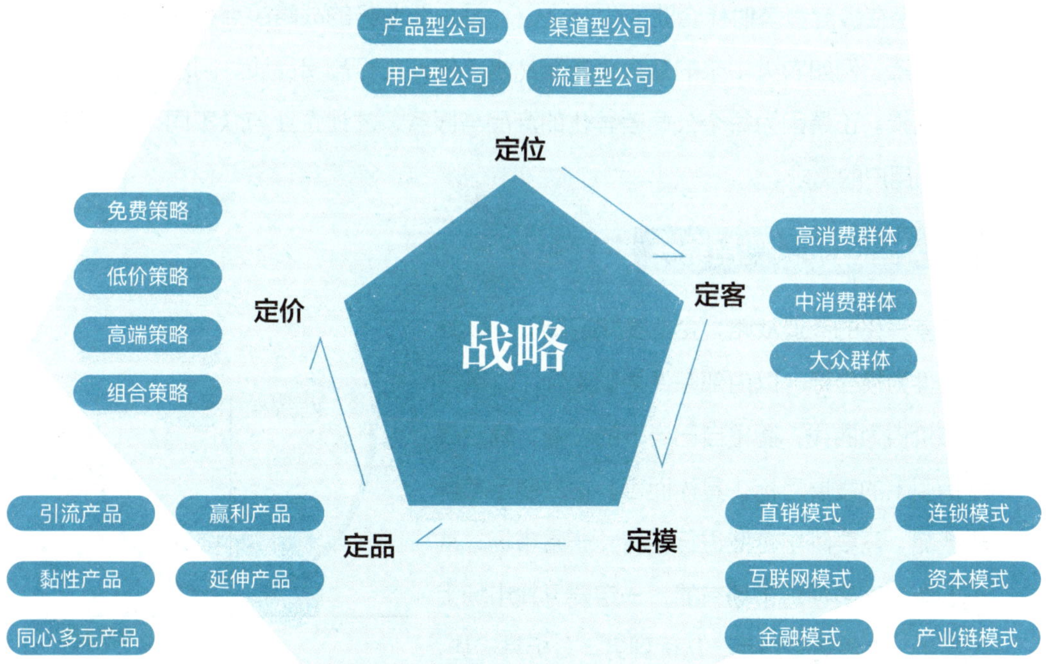

# 二、战略的起点——商道

商道即经商之道。战略，是取舍的艺术。商道战略即企业结合内外部条件做出取舍与差异化的定位，确立与众不同的企业形象。企业要清楚自己当前的位置，有哪些资源，选择走哪条路，如何做到与众不同，才能够差异化地做好企业的最好定位，融合化发展。

## （一）差异化

差异化是在极度竞争时代企业的生存之道，是企业业务的战略起点和蓝图设计的参考元素。例如农夫山泉的差异化是天然水，依云主打高贵品质，阿尔卑斯主推营养元素。正是因为每个公司差异化的产品与服务，才让企业与众不同，才能满足不同用户的需求。

### 1. 差异化战略的使用条件

采取差异化的商道战略，企业要知己知彼，以外部条件为横坐标，以内部条件为纵坐标，以用户生态价值为曲线，衡量自己当下的位置，确定战略指引下的发展目标。具体而言，企业制定差异化战略，需要跳出企业进行四看：一看市场，从无到有，不要模仿市场有的，一定要寻找市场上没有的；二看竞争对手，从优到劣，分析其劣势，找出其弱点；三看客户，从显性到隐性，寻找市场突破点；四是看自己，从内到外，全面分析。

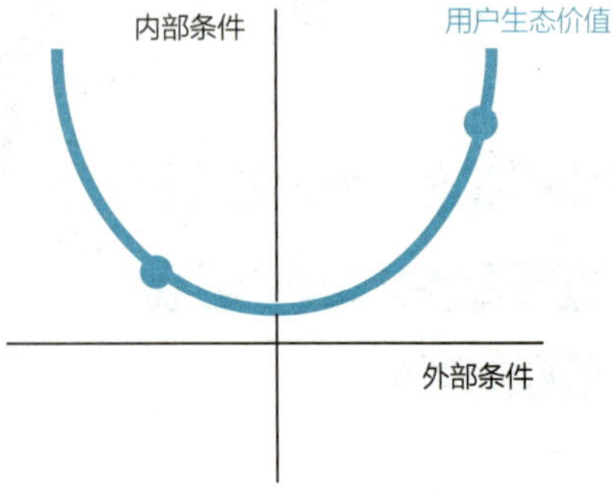

## 云南白药：差异化战略助老字号焕发新活力

差异化是注重产品的研发和创新，将自己与竞争者区分开来并脱颖而出，是为了赢得商业竞争，是企业常用的竞争战略。云南白药创可贴在中国商业品牌史上所创造的奇迹，得益于其差异化战略。

• **外部分析寻找突破口**

1990 年，强生公司将邦迪创可贴引入中国，开创了中国的创可贴市场，其成功意味着“小胶布”止血市场有着巨大的空间。彼时，消费者将邦迪和创可贴捆绑在一起，虽然有很多本土的创可贴品牌，但因同质化严重，最终无法与邦迪抗衡。要想在同质化的背景下破局，云南白药就必须避开邦迪传统的竞争优势元素，构建自己的竞争优势。

经过分析、对比，云南白药发现邦迪创可贴的成分不含药物，这是行业的“致命伤”，而这一点，正是云南白药的优势。

• **发挥内部优势巧定位**

云南白药是国药名企，以其独特、神奇的功效被民间誉为“中华瑰宝，伤科圣药”。结合其独特的品牌文化和品牌价值观，云南白药创可贴将产品定位为：“含药”的创可贴。“云南白药创可贴，有药好得更快些”，当找到这个突破口时，云南白药创可贴的整体推广策略就逐渐清晰起来。

• **瞄准差异化集中营销**

云南白药及其经销商瞄准“含药”这一定位，精耕细作，在消费者的心理上下功夫，无论是在产品咨询上还是在产品宣传、终端推广上，都可以鲜明地诉说自己的卖点，由点及面，由局部到整体，直至引爆整个“含药”创可贴市场。

经过多轮营销策略的运作，云南白药创可贴一举跃升为一线品牌，不仅让很多消费者知道了云南白药创可贴，更实现了一个百年老字号的“品牌变身”，令云南白药焕发出了新的品牌活力。

**差异化战略的使用条件**

**外部条件**

- 通过很多途径创造自身与竞争产品之间的差异，差异被顾客认为有价值
- 顾客对产品的需求和使用要有差异
- 采用类似差异化途径的竞争对手很少，能够保证自身是“差异化”
- 技术变革很快，市场上的竞争主要集中在不断地推出新的产品特色

**内部条件**

- 具有很强的研究开发能力
- 企业具有产品质量过硬或技术领先的口碑
- 很强的市场营销能力
- 产品研究、开发以及市场营销等职能之间具有很强的协调性
- 企业具备吸引高级研究人员、创造性人才和高技能职员的物质和文化条件
- 各种销售渠道能够强有力地合作

# 冲哥说：

**你做的我都不做，你不做的我都做；**
**你在的地方我都不在，你不在的地方我都在；**
**你低我高，你高我低，这就是品类差异化。**

## 2. 差异化战略的落地维度

产品的差异化战略包括产品的功能、性能、价格以及应用场景。企业可以从用户洞察、产品细分、渠道切割和定价策略四个维度落地。

**（1）用户洞察**

用户洞察是差异化的第一步，是研究用户的行为或态度并发现真相或提出深刻见解的过程。用户洞察的方法和工具很多，但是归根到底就是要不断追问、抽丝剥茧：**我们的用户是谁，用户的需求是什么，我们的产品能满足用户的哪些需求，用户在什么场景下使用我们的产品，用户使用产品时满不满意……**用户洞察通常有四个步骤：明确精准用户→绘制用户画像→分析用户心理动机→提炼用户需求。

用户需求又分为三个层次：物质需求、情感需求、精神需求。

用户需求表

| 分类 | 概念 | 作用 |
|---|---|---|
| **物质需求** | 是产品满足用户最基本的功能性需求 | 基础 |
| **情感需求** | 产品满足用户对于维护、增强、改善人与人之间亲密关系的需求 | 依靠 |
| **精神需求** | 产品满足用户对于丰富自己精神生活、精神层次的需求 | 支柱 |

## 阿那亚：
## 着力深耕用户需求，提供生活解决方案

提起阿那亚，很多人听过它是中国的“四大神盘”之一。作为文旅地产开发商，阿那亚是善于自我革新的。其成功之道在于：围绕 80 后北京用户群体做深度用户运营，满足用户不变的需求，包括物质需求、情感需求、精神需求。

- **物质需求**

物质需求就是解决住宿的问题，满足功能性的需求。传统地产希望将成本控制到最低，很少考虑长期运营，在保修期内不出问题就和开发商没关系了。阿那亚则考虑到社群的长期运营，以长远目光规划产品：怎么让房子更加结实，怎么让客户在未来的满意度更高。阿那亚给业主提供丰富的服务，满足生活场景的人性化需求。比如建社区食堂、成立儿童托管中心、设立管家服务团队等。

- **情感需求**

阿那亚洞察的情感需求是邻里关系，所以阿那亚建了咖啡厅、图书馆等很多公共空间，将人与人连接起来，然后鼓励用户一起做大量的线上线下活动，通过阿那亚连接把活动放大。

- **精神需求**

至于精神需求，阿那亚则是为业主提供更丰富的精神文化生活。阿那亚建了孤独图书馆、礼堂、美术馆、音乐厅、剧场等，然后用海边慢跑道把这一系列的精神地标连起来，所有这些建筑都成为精神的寄托，让心灵为之共鸣。

阿那亚提供的产品、服务、内容，始终围绕用户洞察展开，为用户提供生活解决方案，而其业务核心和营收也逐渐扩大——房产销售、社区服务以及文旅小镇的度假体验，使其成为文旅地产商业模式的开创者。阿那亚联合创始人马寅说：“阿那亚是一个美好的社区，不只是一个关注投资回报率的地方。”

**（2）产品细分**

企业的资源有限，尤其是中小企业往往有四个有限：人才有限、资金有限、资源有限、时间有限，因此要对产品进行细分，进而**聚焦人才、资金、资源和时间，打造有竞争力的差异化产品**，通过大单品进行破局。

传统的产品细分主要从地理、心理学、人口统计学和行为四个方面的因素考虑，任何产品的设计都需要将多个因素综合在一起。

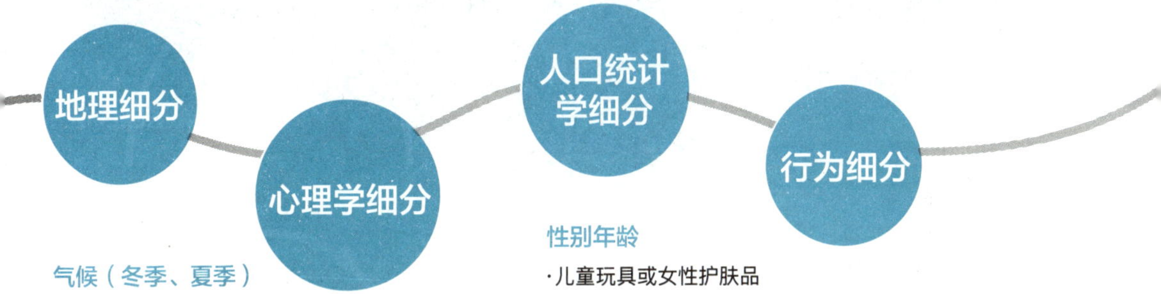


气候（冬季、夏季）

·在炎热地区销售冷饮、防晒产品

地区（都市、乡村）

·地方特色餐饮

城市（内陆、海滨）

·内陆地区推出适合快节奏生活的便捷产品
·海滨地区推出与海洋相关的产品

地形（山地、平原）

·山地地区可以推出户外探险装备

生活方式

·针对健康意识强烈的消费者推出健康产品

价值观

·对有强烈环保意识的消费者推出环保产品

兴趣爱好

·根据消费者的兴趣爱好推出相关产品

个性特征

·针对消费者的个性特征推出符合其特点的产品

风险承受度

·针对风险承受度不同的消费者制定不同的策略

性别年龄

·儿童玩具或女性护肤品

收入

·针对不同收入水平的消费者提供不同价格和质量的产品

教育水平

·向高教育水平的消费者推出高端、专业性强的产品

职业

·对特定职业群体推出特定的产品或服务

婚姻状况

·根据婚姻状况推出特定产品

使用频率

·为购买频率高的消费者提供优惠或忠诚计划

购买行为

·针对特定购买行为提供特别优惠或服务

产品使用情况

·根据产品使用情况推出优惠活动

对产品的忠诚度

·针对忠诚度高的消费者提供 VIP 服务或者积分回馈

对购物的态度

·根据消费者对购物的态度提供差异化的购物体验

在线购物习惯

·针对在线购物习惯，提供方便快捷的电子商务体验

学员实操案例

## 大枣产品：高端产品高定价，满足用户心理需求

新疆一位做和田大枣的张总，因为产品在当地滞销来到王冲老师的课堂，通过学习对产品进行重新设计，采用差异化定价，实现赢利。

**步骤 1** 选择最好的 5A 级红枣做成礼品枣；

**步骤 2** 对礼品枣进行包装形成高端礼品；

**步骤 3** 定价 999 元销售给有送礼需求的客户。

张总了解到购买和田大枣的客户有送礼需求，而送礼客户的心理是产品高端有面子，能拿出手，因此通过差异化的高定价，满足了客户送礼有面子的心理需求，产品销量大增。

### （3）渠道切割

**渠道是企业的生死线。**不同渠道背后的客群不同、适销的产品不同、适销的阶段不同，在一个品牌拓展市场中进入的阶段、起到的战略作用及承担的战略任务都不同。企业可以根据市场产品周期的不同阶段选择不同的渠道策略。

**产品生命周期**

| 产品生命周期 | 战略层面 |
| --- | --- |
| 初创期 | 明确定位，确定主要渠道 |
| 成长期 | 市场复制，拓展渠道 |
| 成熟期 | 建立全渠道，场景即渠道，线上线下融合发展 |
| 蜕变期 | 转换空间，市场转移与下沉 |

## 格力电器：销售体系变革，携手经销商推动渠道融合

- **在变与不变中，实现多元化转型**

从 2013 年至今，格力电器的多元化也走到了第十年，其家电类产品也从为人熟知的空调到冰洗电器，再到小家电，逐步实现了整个家居体系的全面布局。

除了多元化布局，渠道变革也是不得不提的一点，这并非格力电器一家所面临的问题。十年间，电子商务不断发展、物流体系不断完善，家电企业的实体店销售模式面临新的冲击，无论是主动迎合还是市场倒逼，渠道变革都是家电企业不得不面对的一道关。

- **新零售渠道改革取得阶段性成果**

大众的消费习惯改变，线上消费占比规模愈加庞大。在这样的背景下，格力电器开始尝试线上直播，通过直播不断探索“新零售”模式，将线上与线下渠道相结合。

混改完成后，格力电器进行渠道化改革，推动建设数字化线下专卖店，开通 3 万家线下专卖店对应线上的“格力董明珠店”，并完成全国巡回直播活动，打造线上服务与线下体验相结合的新零售模式。

如今，格力在新零售渠道改革方面取得了阶段性成果。2022 年上半年格力电器在订单管理流程数字化方面继续完善，持续推进全国仓网优化建设，构建以“基地仓 + 区域仓”为载体的智能仓储群，全面升级物流信息化系统，实现供应链全链路数字化、可视化。目前，格力新零售改革已在局部地区试点成功，从下单到送货整个流程均已打通，系统具有商品智能寻源、仓库就近发货、政策自动结算、全流程可视化等功能，通过新零售渠道更好地为消费者服务。

2022 年上半年，格力电商加强生活电器销售、社交化电商应用、直播带货、下沉渠道开发等方面发展，并在订单管理、物流、客服等方面推进数字化运营，新零售渠道改革取得了阶段性成果。未来，格力电器新零售还将培养千人主播队伍，不断提高新品曝光量；坚持数字化运营思维，利用行业大数据拉动销售增长；升级智能客服平台，提高客户满意度；推动订单制生产，有效降低库存。

### ①产品初创期：渠道建立

**不同的产品在企业战略中所承担的作用是不同的，**有的产品是为了引流，有的产品是为了增加利润，有的产品是引导用户消费升级，有的产品是为了树立品牌，我们需要根据产品的特性和战略目标制定不同的渠道策略。

**②市场成长期，渠道拓展**

当企业业务比较稳定，进入成长期后，就需要拓展渠道，增加业务，逐步建立品牌。渠道拓展一般分为三步：已有渠道梳理→机会渠道分析→制定渠道拓展策略。可参考下表对已有渠道进行梳理，对机会渠道进行分析。

| 分类 | 渠道 | 说明 | 适应产品 | 作用或策略 |
|---|---|---|---|---|
| 线上渠道 | 兴趣电商（抖音、快手） | 通过内容推介引导消费者购买商品的电商，即通过内容激发兴趣、产生交易 | 产品差异化明显，内容有意思，能广泛触及消费者 | 新品牌出圈，侧翼进攻渠道 |
| | 平台电商（天猫、京东、拼多多） | 基于搜索的流量中心化及付费流量产生交易 | 强创新型的产品；有品牌知名度及建立了消费者购买习惯的产品 | 增加销量 |
| 线下渠道 | 大流通渠道 | 流向杂货铺、小超市、单体便利店 | 高性价比的大众化产品 | 承接流量的渠道 |
| | 超市/卖场（传统的大型连锁渠道） | 货架位置基本与消费者心理预期的货架位置一致 | 囤货型产品（获胜产品） | 建成成熟产品常销地、新产品品牌宣传阵地、高定价长期变化促销类产品进攻地 |
| | 精品超市 | 高端的新零售终端，主要分布在一二线城市核心商圈 | 消费升级类产品 | 品牌形象产品带动主力产品的销售模式 |
| | 连锁便利店（外资便利店） | 价格不敏感、就近、应急、匹配主流白领，消费者具有天然尝鲜动机 | 适合进攻型产品 | 方便速食产品培养消费者消费习惯 |
| | 会员店（仓储式超市） | 会员精选优品，具有选品价值，价格不敏感，大批囤货渠道，对接白领精英 | 适合进攻型产品（高端侧翼渠道） | 进攻型渠道，与促销员建立正向商业模式 |

**③市场成熟期：建立全渠道**

随着数字技术的不断发展，任何可以让消费者接触到品牌的触点都可以成为销售渠道，真正实现了“场景即渠道、触点即渠道”。全渠道是指企业通过商店、移动设备和在线等所有渠道为用户提供无缝的购物体验。也就是企业要做到在用户购物的搜寻、比较、下单、体验、分享五个关键环节保持与用户的全程、零距离接触，为用户提供一致的品牌体验。如果每种渠道是一种乐器，那么全渠道就是乐队，在用户购物的全程，每个渠道相互配合、协同演奏，为用户提供愉悦的感受，使用户留下深刻的品牌印象。全渠道也就是企业实现线上与线下渠道互动和融合，多渠道交互完成销售流程。每条渠道仅完成销售的部分功能，形成完整的销售链条。用户可以在线下店了解、体验产品，到线上网店下单，再到线下店铺自提。

## 良品铺子：探索线上线下结合的全渠道运营模式

一是打造国内食品零售行业的首个全渠道平台。良品铺子与 IBM、SAP、华为等企业达成战略合作协议，共同开发 O2O 全渠道业务平台。该平台打通良品铺子前、中、后台，整合十余个系统中共计 37 个线上平台，打造了“六大中心”——商品中心、价格中心、营销中心、会员中心、订单中心和库存中心，整合线上线下渠道，实现全渠道会员管理和企业运营。二是启动手机 APP 项目。良品铺子 APP 作为公司全渠道的连接器，承担公司 2000 多家门店拥抱互联网的重任，在实现门店数字化经营、全渠道会员中心、顾客消费品质升级等战略方面发挥主导作用。实现了全渠道的会员通、订单通、商品通，订单覆盖全国，为满足会员消费升级需求的良品甄选系列积累超过 2 万人次消费。三是优化线下门店经营模式。良品铺子正在“单渠道—多渠道—全渠道—全融合”的进化过程中，渠道不再是简单的物理或空间的区别，“手机”为门店创造新的场景销售和新增流量机会，线上订单线下门店配送或自提等新的场景实施将有效地提高企业运行效率。

# 冲哥说：

**凡是竞争对手没有做大的市场，都是下沉市场。**

**④市场蜕变期：转换空间**

当产品在某一市场饱和时，可以利用信息差、资源差，转换销售空间，将市场下沉寻找蓝海市场，寻找新的利润增长点。

市场下沉一般有五种方法：方法一，从一二线城市转移到三线及以下城市、县镇与农村地区的市场；方法二，从沿海地区转移到内陆地区；方法三，从发达地区转移到欠发达地区；方法四，从发达国家转移到欠发达国家；方法五，从线下走到线上。

## 比亚迪新能源汽车：在下沉市场寻找新蓝海

在我国，三线及以下人口占全国总人口比重约为 65%，市场潜力较大。2023 年初中央一号文件提出，鼓励有条件的地区开展新能源汽车下乡。三四线城市甚至乡镇对新能源汽车的需求被快速唤醒和激活。布局较早的五菱、比亚迪等品牌占据先发优势。以比亚迪为例，2018 年前后，比亚迪开始推出价格更低的车型，以此打入下沉市场。安信证券等研究数据显示，2021 到 2022 年期间，比亚迪包括“秦 PLUS DM”在内的几款热销车型在三线及以下城市销量占比从 30% 增长到近 40%。汽车之家等平台公布的 2022 年 1 月到 8 月下沉市场新能源销量 TOP10 排行榜中，比亚迪的车型占据了 5 席。

**（4）定价策略**

**定价是企业产生利润的有效途径。**价格究竟意味着什么？定价时需要紧随竞争对手吗？定价是以利润为准吗？低价策略会不会影响企业的品牌？高价策略会不会损失客户？……深究定价策略，是企业差异化战略非常重要的部分。

企业的定价策略受企业内外部因素的影响，尤其在新媒体环境下，产品的定价策略需要考虑更多的变量和因素。以下是一些常见的定价策略。

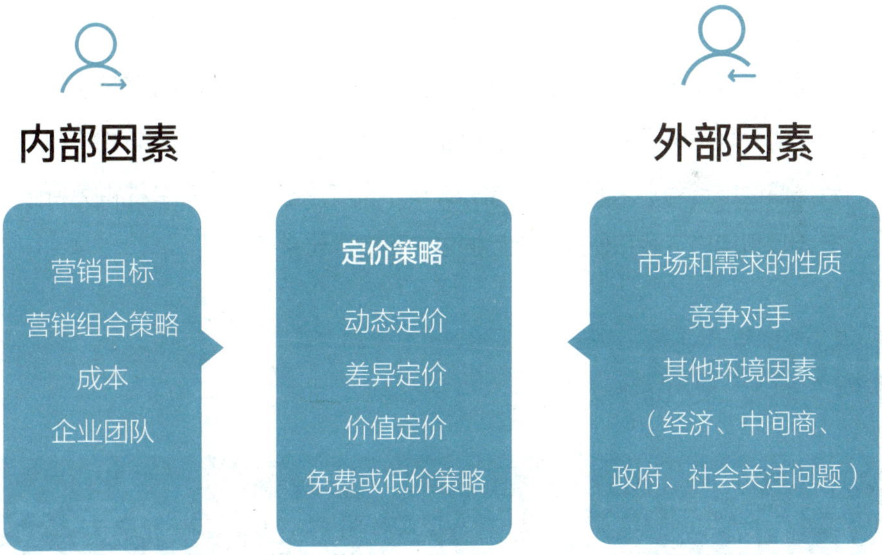

**动态定价：**企业可以根据收集和分析大量的实时数据实施动态定价方案，例如用户行为数据、市场需求数据、竞争对手价格数据、动销时间段、产品组合等。例如，航空公司和酒店会常常根据需求的变化动态调整价格。

**差异定价：**企业根据了解到用户群的个性化需求和支付能力，实施差异定价策略和服务。例如电商平台会根据用户的购物历史和浏览行为提供个性化的价格和产品组合。

**价值定价：**企业通过各种方式（如内容营销、社交媒体营销等）向消费者传递产品的价值，根据产品的价值而非成本来设定价格。例如，一些高科技产品或独特的服务可能会采用这种定价策略。

**免费或低价策略：**对于一些新媒体产品（如应用软件、网络服务等），企业可能会采用免费或低价策略，吸引用户使用，然后通过其他方式（如广告、增值服务等）来赢利。例如，许多手机应用软件在初期会提供免费服务，吸引用户下载和使用，然后通过内购或广告来赢利。

## 冲哥说：

**产品有三种卖法：第一种卖交换价值，第二种卖使用价值，第三种卖心理价值。**

## 名创优品：创新优质低价商业模式

“高品质、高效率、高科技，低成本、低毛利、低价格”（“三高三低”）是名创优品的经营哲学，名创优品通过优质低价战略、强大供应链管理能力迅速占领日用百货市场。门店遍布新加坡、菲律宾、马来西亚、阿联酋、澳大利亚、加拿大、韩国等近 30 个国家和地区。

• 实行优质低价战略

一是选用品牌供应商，保证产品质量；二是强化创意设计，提高产品附加值；三是规模化采购、买断制经营降低成本。

• 打造高效供应链系统

一是加强研发，从设计端把控供应链；二是供应链协作配合，提高运营效率。

名创优品在创立之初就奠定了“互联网思维”，奉行“优质”“低价”的名创优品，其实是“实体零售 + 互联网”，给传统零售连锁注入互联网内核。

## （二）融合化

在数据背景互联下，融合化发展是时代的生存之道，能够产生 1+1 > 2 合力效应。

融合化发展通常指的是两个或更多的企业、行业或者业务领域，通过互补优势、共享资源，以实现共同的发展目标。融合化发展常见的形式包括跨行业合作、跨领域研发、业务整合、资本合并等。融合化的发展模式能够让企业在复杂多变的市场环境中寻求新的增长点，提高竞争优势。

企业融合发展的模式非常多，此处着重介绍商业模式融合与融合销售。

### 1. 商业模式融合：从卖实物产品到卖会员权益

传统的销售模式，企业主要通过售卖实物商品或者提供实物服务来获得收益。而在新的商业模式中，企业开始向消费者提供一系列的会员权益，如专享优惠、优先购买权等，这些权益往往以会员费的形式向消费者收取。这样一来，消费者不再仅是购买产品或者服务，而是购买一种专属的、更为个性化的体验。

会员权益通常分为六个步骤实施：

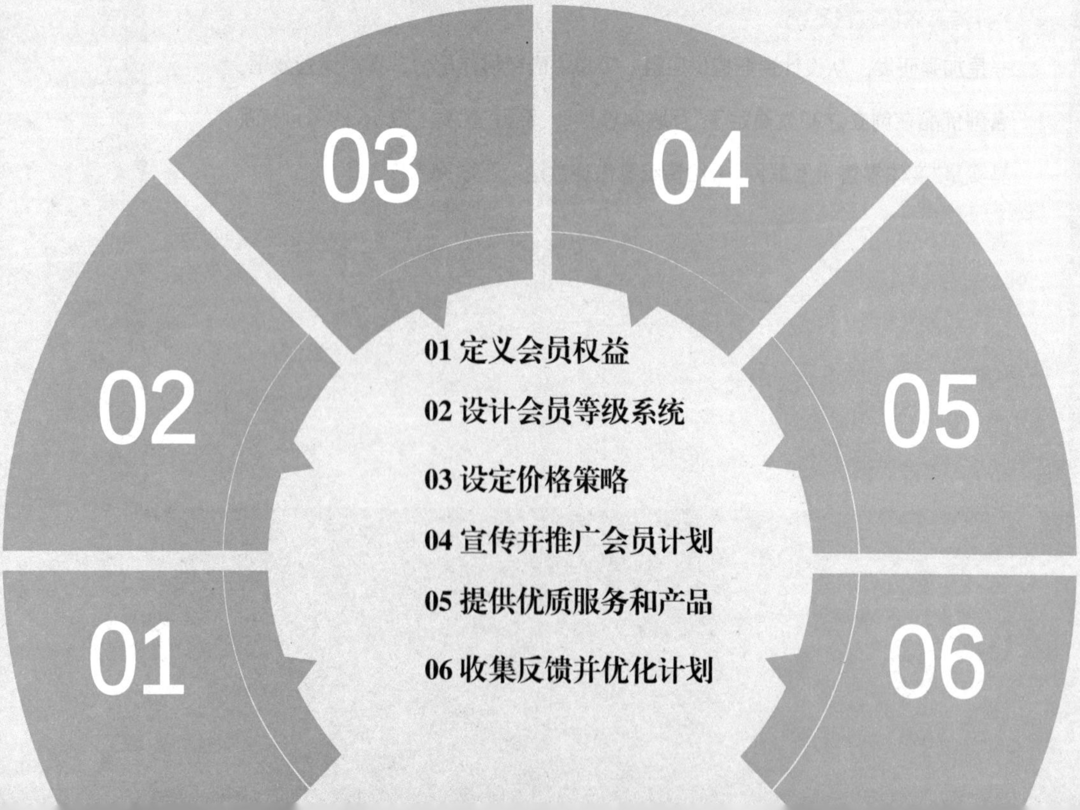

## 品牌融合：联名会员模式，构建新商业模式

随着消费者对品牌忠诚度的提高，品牌合作也成为一种新的营销模式，联名会员就是其中的一种。联名会员是指两个或多个品牌之间进行合作，共同推出一款联名会员卡。对用户来说，可在多个品牌中享受优惠或特别待遇，带来福利。对平台来说，联名会员模式可以共享消费者资源，拓展“拉新”空间和市场空间。

较早实行联名会员的是银联联名卡。银联联名卡与多个品牌合作，包括酒店、购物、旅游等多个领域。消费者只需要购买银联联名卡，即可在这些品牌中享受优惠。

网络平台较早的联名会员莫过于阿里系的“88 会员”，形成了天猫、优酷、饿了么、飞猪、网易云音乐、淘票票等组成的衣食住行加娱乐的会员矩阵，开创了利用差异需求打通不同群体疆界的崭新商业模式。

联名会员成为各平台运营用户的发力点，一般联名会员由视频、音频、电商、外卖、实体店等组合而成。比如视频 + 音频（如爱奇艺与喜马拉雅）、视频 + 电商（如爱奇艺与京东）、出行 + 工具（如携程与联通公司）、外卖 + 实体店（如饿了么 + 汉堡王）等。

## 2. 资源共享，融合销售

资源共享，即企业将自己拥有的资源分享出来，实现资源的最大化利用。这种模式可以提高资源的利用率，减少资源的浪费，节省企业的运营成本。融合销售，是指企业将自己的产品或服务与合作商的产品或服务融合在一起，共同销售。这种模式可以拓宽企业的销售渠道，增加企业的销售额，并为客户提供更加丰富和便利的购物体验。

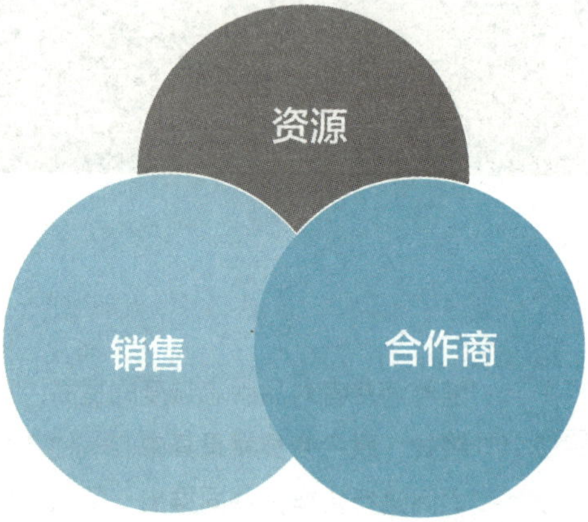


### 五菱汽车：品牌资源共享，销量与品牌双丰收

跨界衣食住行，万物皆可“五菱”。自 2020 年开始，五菱便开始以融合销售为核心，触达各圈层群体，提升品牌的价值和形象。其中 2022 年，与 100 家品牌的联合销售活动引起行业瞩目。针对热爱改装的潮玩青年、“Z 世代（新时代人群）”，五菱与 100 家品牌举办“联名潮改车”活动，合作品牌包括美的、海尔、格力、南孚、中国邮政、卫龙、马路边边、鸿星尔克、健力宝、稻香村、五芳斋、恒源祥……活动时，101 家品牌官微互转互推，活动曝光量过亿，互动过千万。从销量层面看，宏光 MINI EV 销量连续 17 个月霸占新能源汽车销量冠军。

五菱融合销售的成功得益于其开放、创新的企业文化和对市场需求的敏锐洞察。而跨界合作，会让消费者更加深刻地认识五菱品牌，并建立起品牌忠诚度。

# 三、战略创新——人道

一流的战略，是能够落地和执行的战略，而人是战略和执行里最重要的环节。再好的战略如果无法执行也只能是空中楼阁；没有完美的战略，但可以在执行的过程中被团队不断反馈、优化、修正，最终得以实现。

今天企业的组织结构、商业模式、用户聚集、营销服务等都是迫切需要升级和变革的，与之对应的组织模式更需要符合时代的要求。战略的创新在于寻找新型的合伙人，并且以升级的合作模式激发合伙人的企业家精神。

## （一）寻找新型合伙人

企业合伙人会加速企业快速成长，究其原因在于合伙制可以给人带来拥有感、归属感和奋斗感，是一种更具生命力和活力的企业组织模式。如果说，以往的企业管理者仅凭个人能力或雇用员工就可以成功，那么在新经济时代必须找对合伙人，共同谋划，共同筹资，集思广益，减轻压力，实现利润裂变。正所谓，小生意靠单干，大事业靠合伙。

合伙人从本质上讲，是共识、共创、共担、共享的奋斗者和创业者，是可以和公司一起成长的人。合伙人包括股东合伙人、事业合伙人与生态链合伙人三种，前两者为内部合伙人，后者为外部合伙人。

# 冲哥说：

**选择合伙人就是选择和谁一起赚钱、在哪里赚钱、怎么赚钱。**

## 1. 选择优秀的合伙人

“在创业的路上，你能够走多远，取决于你和谁同行，选择谁做合伙人。”找合伙人，类似于婚姻关系中的长久深度绑定，是一种强关系，非志同道合者不可。选择合伙人务必要有严格的筛选标准和准入机制。合伙，合的首先不是钱，而是人，看重的是合伙人的人品、格局和规则感。标准的合伙人硬实力要强：有钱、有技术、有管理能力或在其他方面非常出色。而优秀的合伙人除了具备硬实力还需具备软技能。

**（1）价值观一致**

古语云“道不同，不相为谋”，价值观一致是成为合伙人的先决条件。价值观决定了一个人的认知、理想、信念、生活目标、道德理念等。合伙人的价值观合则同进退，不合则有矛盾。

**（2）优势互补**

出身、学历、背景、性格、能力、资源、行事方式上互补，差异互补型合伙团队才更稳固。

**（3）德才兼备**

合作建立在互相信任和尊重的基础上，因此选择具有良好品德和诚信的合伙人至关重要。合伙人在公司内往往需要负责某个领域，独当一面，如果相互之间缺乏信任、互相防备的话，会使合伙人的精力浪费在歧途上，错失公司成长的大好机遇。

**（4）坚定信念、风险共担**

合伙人，不仅要分享收益，更要坚定信念、共担风险。选择合伙人时，对方一定要有明确的目标和崇高的信念。

**（5）决策担当**

合伙人要有能力、有担当，能在企业发展过程中提出战略性发展建议。合伙的意义在于形成合力、提高效率。

**（6）资金基础**

合伙是长期共事，既要有志同道合的情感，也要有一种长期的利益关系，因此合伙是一种“共创、共担、共享”的事业，这也要求合伙人必须要有一定的资金基础，能拿出真金白银投到企业的建设中来。而对于企业发展过程中遇到的风险，也需要合伙人共同承担。

## 2. 合伙人团队搭建原则

### （1）先礼后兵原则——正确处理合作关系

建立在生意之上的友谊很稳固，但建立在友谊上的生意容易瓦解。无论合伙人之间关系多么亲密，友谊多么稳固，应当“先礼后兵”：事先和对方就工作职责做好沟通，需要做详细的分工，制定详细的管理制度条例，并且达成相关的共识。共识不仅要指明对方应当做什么，更要指明对方不能做什么，即做好事前约束。

### （2）先小人后君子原则——合约确定利益关系

管理做到先小人后君子：在条款制定的过程中要用明文规定约束双方，分清公司股东关系与项目利益关系，确定人力资本定价，并且把责任、权利、利益做一个明确的划分，双方达成共识落在合约上。合约能够很好地约束双方，有助于共同管理。很多创业者由于顾及合伙人双方的关系或者事业刚刚起步，只是口头约定机制，干好了以后再说，但是后期出现问题时，才发现无法解决。

### （3）关于事业合伙人，最重要的是谈好怎么退出

准备好退出方案是团队可以往前走的重要前提，没人能保证一开始就选对相伴终身的合伙人，在公司还未形成规模的时候谈好退出机制非常重要。

## 西贝：
## “中式汉堡”开启合伙人模式

“未来是合伙创业的时代”，一直在探索快餐赛道的西贝又有新动作。

**•“高能量小店”**

项目的门店及档口店模型主要是 10 至 30 平方米小店——“高能量小店”，旗舰店模型基本在 90 至 150 平方米之间。点餐模式及门店布置与很多西式快餐店非常相似。第一阶段会在北京铺开，之后逐渐向全国扩张，既包括一二线城市，也涵盖下沉市场。

**• 与创业者成为合伙人**

与市面上的加盟制度不同，西贝采取的是合伙人制度。“酒酿空气馍这个品牌不是开放加盟的模式，所以不会收取加盟费用。”该品牌采用门店合伙制的形式招募合作伙伴，西贝与合伙人共创、共担、共享，前 100 家门店西贝投资 60%、小股东 40%，西贝分红 40%、小股东 60%。另外，所有联营合作伙伴，必须带店入伙。所有营运、培训、财务、食安、采购等由西贝强管控。

西贝莜面村品牌底层的机制是“分部老大机制”，机制将门店利益分为 60% 总部部分、40% 分部部分，并由此共担共享企业发展成果。这样看来，如今“贾国龙·酒酿空气馍”的合伙制便是由原来的内部合伙变为对外“招商”。战略定位专家、九德定位咨询公司创始人徐雄俊指出，采用合伙人模式能够降低西贝整体的经营风险和人力等成本，并以相对较快的速度进行扩张。

## （二）合作模式创新升级

合作模式的创新需要灵活性、开放性和实验性。企业结合市场需求和技术趋势，创造出适应不断变化的商业环境的新合作模式。

## 1. 引入技术创新

利用新兴技术和数字化工具来改进合作模式。例如，使用在线协作平台和项目管理工具，实现实时沟通、协同工作和资源共享，提高合作效率。区块链技术可以建立可信的合作框架，促进合作商之间的透明度和相互信任。

## 2. 推动开放创新

与外部合作商共同进行创新，开放资源和共享知识，实现跨界合作。通过与客户、供应商、创业公司或学术机构合作，共同研发新产品、解决问题或开拓新市场。开放创新可以带来新的创意和洞察力，加速创新过程。

## 3. 强调用户参与

将用户作为合作模式创新的重要参与者。倾听用户需求和反馈，与用户进行紧密的合作和协作，共同设计和开发产品或服务。用户参与可以带来更贴近市场需求的创新解决方案，并提高用户满意度和产品成功率。

## 4. 跨界合作与联合创新

不同行业、领域或组织之间的合作可以带来跨界创新。通过与其他领域的专家、研究机构或社会企业合作，融合不同的知识和经验，创造出新的商业模式、产品或服务。

## 5. 重塑合作关系和权益分配

重新思考合作关系和权益分配，实现更加灵活和公平的合作模式。通过制定合伙协议或契约，明确合作商之间的权责关系、利益分配机制和决策流程，确保各方的利益得到平衡和保护。

## 北汽联合帆书：为用户提供求知通道，打造跨界合作新样板

好车领航，好书造梦。2023 年，北汽雷驰与帆书 APP（原樊登读书）达成战略合作框架。

甫一合作，双方在樊登“知识进化论”年度演讲抖音直播间亮相，观看人次多达 1.2 亿；100 多家樊登书店线上线下联动宣发，33 城线下观影团人数超 5000 人；全网触达超 5 亿人次。两大品牌强强联合，喜获传播强度和口碑热度双丰收！据了解，北汽雷驰和帆书的战略合作内容包括：帆书 APP内樊登讲书上线北汽雷驰车载端、开发联名款周边产品、联合打造城市移动书屋、在北汽雷驰全国门店开展书香系列线下读书活动、组建公益联盟等，用知识为从业者在用车途中、在工作中全面赋能。

用户需求是引导企业发展、合作的必然趋势，为读者传递好书、满足其精神需求这一价值主张则是北汽雷驰与帆书 APP 合作的基础。“物流从业者很少有机会坐下来看书，要么在开车的路上，要么在等货源”，在车载端使用帆书 APP 听书，即为用户提供一个较好的求知通道和环境，既可以让他们不无聊，又让他们收获了新知识，在精神层面上更好地满足用户的需求，“让用户既能学习又能休息”。

不同领域两大头部企业的强强联合，以“移动听书”的新品，为用户的幸福添砖加瓦，势必驱动价值增值与品牌扩张。

## 6. 强调可持续发展

将可持续发展原则融入合作模式创新中，关注社会、环境和经济的可持续性。通过共享资源、循环经济模式、绿色技术和社会责任实践，实现经济效益与社会环境效益的双赢。

### 农夫山泉 × 中国银联：<br>喊出“大山的诗歌”，品牌形象双赢

2020 年 9 月，农夫山泉扮演了一回大山诗人，与中国银联进行了跨界合作，推出了“大山诗歌瓶”，将 24 首大山孩子创作的诗歌印在了瓶身上，两个看似毫无关联的因素结合，在诗歌 POS 机的营销下，看似简单的操作，却打出了真正意义上的“温暖牌”，提升了双方的品牌形象。

世界营销大师菲利普·科特勒在《营销革命 3.0》中曾指出：我们正创造和见证着营销 3.0 时代，消费者被还原成“整体的人”，“交换”“交易”被提升成“互动”“共鸣”，“人文精神”正成为营销的新驱动力量。农夫山泉的“大山诗歌瓶”，可以说就是对这一理论的实践。从营销层面上来说，通过“大山诗歌瓶”的创意营销，向社会传递满满的正能量，这种与用户价值观上的共鸣，自然有利于强化品牌在大众心目中有温度、有社会责任意识的形象，这次双品牌联合，用人文情怀戳中客户情绪点，公益营销玩出了高级感！

# 四、多元战略——财道

财道战略是探索企业的赢利模式，通过赢利模式的设计完成战略体系。企业的赢利模式应该是多元化的。

在当下的移动互联网时代，无论是创业新秀还是企业巨头，大家似乎都在不断地追问：我们的赢利模式是什么？它靠谱吗？可持续吗？可以引爆革命吗？……商业模式的创新与更替，在很大程度上决定着企业的成败兴衰。

常见的赢利模式有产品赢利、模式赢利、资源赢利、金融赢利、品牌赢利、系统赢利、收租赢利和国家赢利等。随着互联网和新媒体的发展，许多新的赢利模式已经出现并被证明是有效的，如平台化模式、设计商业模式、众筹模式、共享经济模式、交叉补贴模式等。

在此重点介绍产品赢利和设计商业模式赢利两种方式。

## （一）产品赢利

产品是最容易识别价值的交易载体，任何非产品化的东西，一旦产品化，自身就能产生赢利的价值和竞争优势。产品赢利模式是最容易使用、最容易形成赢利能力的模式，其赢利公式为

利润 = 收入 - 成本

### 1. 为用户创造价值

传统产品价值 = 功能 + 体验，互联网产品价值 = 功能 + 体验 + 用户参与价值，归根到底产品的核心价值是帮助用户解决问题。可以通过价值曲线将价值可视化，从而设计出让用户鼓掌欢呼的产品。

构建价值曲线的纵轴是产品的价格，横轴是产品的性能。在横轴上列出影响顾客购买决定的因素。

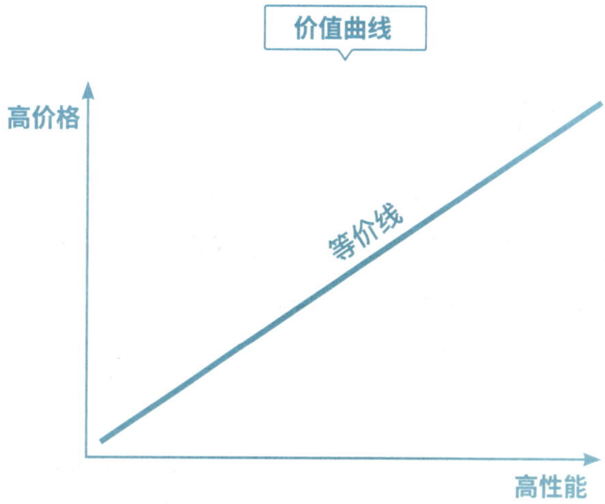


## 科大讯飞：以人工智能为用户创造价值

科大讯飞作为国家新一代的人工智能开放创新平台，是 AI 成为新一代基建的倡导者和推动者。“以客户为中心”观是其公司最重要的核心价值观之一。

“为用户创造真正的价值，才能留住客户。”科大讯飞坚持利用 AI 技术为用户赋能，深入洞察用户需求，并以此来完成从技术到产品的转化，迅速在智能教育、办公等诸多领域推出了不少产品，为客户提供更好的体验和价值。

讯飞消费者业务深谙用户迫切提升效率的痛点，在 AI 办公赛道，推出智能办公本、智能录音笔、翻译机、智能投影仪等多款产品，帮助用户从单一烦琐的传统工作中解放出来，能够让他们有更多精力投入更有价值的创新工作中。

在国家“教育减负”时代背景下，科大讯飞 AI 学习机首开“一对一个性化精准学系统”主打“因材施教”，可快速、全面、精准地找到用户学习的薄弱点，并推荐个性化学习内容，有针对性地提升学习水平，让学生可以更高效地提分。

持续为用户创造价值，有利于构建与客户的良性、长期的发展关系，形成科大讯飞穿越经济周期的持续赢利能力。

### 2. 用互补品增加胜算

能够提升其他产品或服务的支付意愿的产品或服务，称为互补品。互补品可以为用户创造更高的价值。如空气净化器和滤芯、打印机和墨盒、电动汽车和充电桩、平板电脑和电子书等，互补品无处不在。

### 3. 提高降成本的能力

降价是决定，降成本是能力，产品赢利的核心是将成本降到极致，从而以让用户尖叫的价格占领市场。应用新技术，持续改进生产工具，通过应用新一代数字技术提高生产力，企业才能在激烈的市场竞争中更加从容。敢于主动降价进而靠资本市场赢利，成为企业竞争的新兴方式。

## （二）设计商业模式赢利

产品和品牌是赢利的标配，设计商业模式赢利才是王道。设计商业模式可以从免费增值模式、隐性收入模式、差异化定价模式三种方式考虑。

### 1. 免费增值 = 免费 + 付费

免费增值模式是指基础服务免费，让用户体验基本功能，然后对基本套餐之上的高级功能“升级”特性进行收费。

通过免费增值模式，可以吸引用户、抢占市场份额并提高付费转化率。

在设计免费增值模式时，需要考虑几个问题：你的市场是否足以支撑你的免费增值模式？你的产品是否能够以比市场上的竞品更低的成本解决问题？你的目标受众是否对价格非常敏感且需要更低的价格？哪些高级功能能够刺激客户付费？……

# 我们一起终身学习

## 做一件有价值的事，一直做，然后等待时间的回报

### 得到 APP：免费养成习惯，付费创收赢利

得到 APP 是得到团队出品的一款移动碎片化视听阅读的知识服务应用 APP，服务内容包括但不限于电子书、音频、订阅专栏等，其赢利模式是增值的知识付费。

最初，得到创始人罗振宇每天 60 秒的音频是免费的，点滴投入，让用户形成偏好，获得自然流量。在日常运营中，“得到”给予了用户充分的课程试听选择权，激发用户的好奇心和兴趣，促使用户购买课程，达到营收效果。

得到 APP 最早期产品运营主要是通过与大咖合作来拉新，通过导师效应或名人效应，形成知识付费平台。其中订阅专栏是其最主要的赢利来源，订阅专栏的课程多为 19 元到 399 元不等，除此之外，还有电子书、听书、得到高研院、锦囊、精英课、大师课等。

得到为用户“省时间的高效知识服务”，通过免费试听打动用户，成为独树一帜的知识付费平台。

## 2. 隐性收入模式

隐性收入模式摒弃了单纯依靠卖产品或服务产生收入的逻辑，相反，其收入主要来源于第三方，由第三方产生的收入可以弥补那些为消费者提供低偿或者免费产品服务所产生的成本，对这一模式比较普遍的应用是将广告加入产品中，从而将消费者吸引到赞助产品的广告商那里去，消费者免费、低价享用产品，广告商给企业付费。

隐性收入模式不但能直接产生经济收入，还能用于市场换量、数据导流、业务扩展等方面。

### 智能快递柜：隐性增收

当前智能快递柜的收益主要有两个方面：直接收入和隐性收入。

其中，隐性收入 = 快递员效率提升节约的成本 + 末端实体流量变现收入。

由于快递柜投送而减少的二次派送时间成本进行累加的情况下，效能提升在 20% 左右，对于末端来讲将意味以下关键的隐性收入。

人力成本节省。同样工作强度下，一个由 10 名快递员形成的末端网点将可以节省 2 名快递员的人力成本开销。随着人工成本的提高，未来成本节约将会更明显。

对于快递员来讲，利用 15%（100 分钟）时间多送 12~15 件快递，意味着以 1.5 元每件派送价格来算，将会至少增加 18 元收入，每月将会多出 400 余元的收入，有 10% 左右的收入提升。

针对线下流量变现价值，主要体现在社区 O2O 方面。未来智能快递柜将广泛深入社区中，与社区深入融合发展，主要流量变现价值的隐性收入主要在如下几个方面。

新媒体精准营销，快递柜屏幕、公众号作为客户常用入口，若快递柜未来承载 30% 的快递投送量，意味着其将会覆盖该社区 30% 的网购群体，意味着该类广告与其他广告相比更为精准，价值更高。

由于取件给快递柜所在区域带去的人流量价值，将为其附近商业体系 / 销售平台带去线下流量价值。

### 3. 差异化定价模式

定价，是独特的营销工具，是利润杠杆。一个小小的定价标签，直接反映了公司战略、客户群、竞争环境、产品差异化四大关键元素。

在当今的市场环境中，顾客已经细分，不同的顾客对产品的品质层次要求是不一样的。差异化定价模式与其说是商品的定价技巧，不如说是消费发展到一定阶段的必然。

在设计差异化定价模式时，价值创造是定价优势的来源，可以从顾客细分、不同渠道、产品差异、时间差异等角度考虑为用户带来的价值，进而确定价格。

价格不是一成不变的，战略发生变化，价格也随之变化，要在演变的市场中调整价格。

## 冲哥说：

**定价就是定消费心理。**

# 五、数字化战略——AI 商业的竞争趋势

数字技术带来颠覆，正在重塑世界，“万物感知、万物互联、万物智能”的智能世界已出现在我们的面前。数字技术在不同场景的应用，将给个人、企业和社会带来超乎想象的变革，将从很多方面重构公司战略、商业模式和日常管理。企业则需要与数字同行，确定数字化战略，在不确定性中寻找确定性。

数字化战略指以数字技术为基础，通过重新设计业务模式和流程，创造新的价值和利润来源，并提升客户体验、员工生产力和运营效率的全面性战略规划。数字战略将为企业带来变化的加速度。数字化战略不仅是企业进行数字战略转型的必要选择，也是企业未来发展的重要策略之一。

## （一）企业不同成长阶段的数字战略重点

| 企业不同成长阶段的数字战略重点 | | |
|---|---|---|
| 企业成长的四个阶段 | 战略层面 | 企业诉求 |
| 初创期：产品定位期 | 以数据为依托，帮助创始团队快速聚焦战略重点，打造核心产品 | 做成 |
| 成长期：市场复制期 | 通过数字化手段获取市场份额，提升竞争优势 | 做大 |
| 成熟期：管理规范期 | 数字化赋能战略方向的决策，使企业具备领先的行业地位和可持续的赢利能力 | 做强 |
| 蜕变期：生态联动期 | 利用数字化迭代能力应对外部变化，加速企业生态圈指数级扩展 | 做久 |

资料来源：《数智跃迁：企业全生命周期数字化转型路径》《华为成长之路：影响华为的 22 个关键事件》

## （二）数字化战略的目标

### 1. 精准满足客户需求，提高客户价值

随着数字化时代的到来，企业正在从以产品为中心转向以客户为中心。在以客户为中心的前提下，聚焦客户价值创造中的核心数字化场景或者瓶颈场景，可有助于企业为客户提供个性化的产品和服务体验。

### 2. 增加收入机会，提高竞争力

利用数字化技术，企业可以开发数字化、智能化的产品和服务，或对现有产品服务进行数字化改造，使其具有数字化特性，或提供基于用户个性化需求的定制化产品和服务，进而改变原有的收入和利润模式，为企业带来新的机会。同时企业能够更有方向性地将有限资源用到实现业务模式创新、差异化经营上来，提高竞争力和市场份额。数字化转型可以帮助企业更好地适应市场变化和客户需求，保持在市场上的领先地位。

## 3. 提升决策正确性，提高工作效率

企业无论规模大小，要做出科学、高效和精准的决策越来越依赖于数据的自动流动，就是要把正确的数据以正确的方式、在正确的时间传递给正确的人和机器。通过全价值链的数字化转型提升产、研、供、销、服各个业务环节的运营效率，是很多企业比较容易达成的，也是效果显现最快的。

同时数字化可以帮助企业优化运营流程和资源配置，降低重复标准低价值作业，聚焦工作效率和生产力的提升。例如，借助人工智能技术和大数据分析工具等，在销售、物流、财务等领域实现自动化处理，减少手动操作和人力成本。

## 4. 削减不必要开支，降低成本

成本领先可给企业带来竞争优势。但随着各种生产要素成本的上升，很多企业存在的一大问题是增收不增利，企业面临降低成本的巨大压力。因此，数字化转型的另一大重要目标就是降低企业的成本。通过数字化转型削减不必要的开支，减少浪费。

## 欧派家居：数字新蓝海实力领跑，催生生产全链路效率革命

数字化大变革的时代，一切都在破局，多数产业都可以用数字化思维改造一遍。

数字时代，波涛汹涌；勇立潮头，敢为者先。早在 2015 年，欧派强势领跑数字经济发展新赛道，启动的"欧派制造 2025"战略，以智能科技生产设备系统为核心，在生产模式创新和渠道布局上迅猛发力，打造了欧派独有的 AI 智造体系。

以欧派 AI 工厂为例，全球订单 24 小时传送到总部，AI 智能受理进行审图，经智能秒级排序后，24 小时内又传送到欧派全国五大生产基地，而 AI 工厂凭借全流程协同、自动化与智能化的创新营销和制造模式，从消费者下单到收货仅需要 2~3 天。如此超高效率的数字化、智能化生产，不仅提高了产品质量，更缩短了从接单到出货的整体流程。

数字化赋能智慧生产带来蝶变。借助数字转型，欧派家居从 2015 年橱柜、家具系列产品年产 100 余万套，到如今的 500 余万套；销售额从 50 多亿元跃升至 200 多亿元，销售额增长了近 3 倍。订单量剧增，市场认可度越来越高……这数据成绩背后的巨变，欧派的数字化赋能功不可没。

# 赢在流量

流量是商业最大的入口。

——王冲

市场经济发展过程粗略划分为三个阶段：

**第一阶段**

供不应求的时代，企业关注的是“质量”，用优质的商品满足客户。

**第二阶段**

供大于求的时代，企业关注的是“营销”，用传统媒体广告吸引客户。

**第三阶段**

供给过剩的时代，企业关注的是“流量”，从零售到新零售，从场景到用户体验，流量运营已经成了企业营销的标配。

三个阶段关注的侧重点虽有所不同，但企业都是为了赢得用户。与此前只从门店、报纸电视、互联网上接触产品不同，现在的用户接触到产品的触点非常多元。各类 APP、短视频、长视频、图文海报、朋友圈、微信群、直播间都成了营销内容的载体，在用户去中心化的时代，企业精准地触达用户越来越难了。对于企业来说，有两个主要问题需要解决：如何树立正确的流量认知？如何在流量红利即将触顶的时期做好存量与增量？

# 冲哥说：

## 流量是商业设计的底层。

## 一、对流量的认知

### （一）什么是流量

流量，常规定义是指在规定期间内通过一指定点的车辆或行人数量，在网络上指在一定时间内打开网站地址的人气访问量，或者是手机移动数据的通俗意思。

《重新理解创业：一个创业者的途中思考》一书讲道，流量在中国互联网进程中大概经历了 5 种形态。第 1 种形态是门户时代的展示广告；第 2 种形态是 PC（个人电脑）时代流量分发的中心，也就是搜索；进入移动互联网时代，第 3 种形态产生，是基于移动 APP 分发的应用市场；第 4 种形态是社交媒体时代的流量分发，如腾讯广告、朋友圈信息流和微博信息流，其中出现了流量的分水岭，就是微信；第 5 种形态是智能时代的 feed 流（一种呈现内容给用户并持续更新的方式）模式，最典型的是今日头条，这时的广告展示已经可以实现智能匹配，用户、内容属性都做了全新匹配，所以广告效率大幅提升，用户转化率也随之大幅提高。

### （二）流量的细分

笔者认为，流量不单指用户数的集合，而是商品流、物流、信息流、客流、技术流、现金流的统称。每个企业对于不同类型的流量的需求可能有所不同，因此，需要根据自身业务情况来管理和优化流量。

**（1）商品流**

商品流指的是商品在供应链中从生产者到消费者的流动过程，它包括原材料的采购、生产、仓储、配送以及最终销售给消费者的环节。

**（2）物流**

物流指的是物品从供应地到接收地的实体流动过程，根据实际需要，对运输、储存、装卸、搬运、包装、流通加工、配送、信息处理等基本功能实施有机结合。

学员实操案例

## 钓鱼场找到信息流，快速打开市场

福建三明一家专做鱼塘的谢总，经营钓鱼场的生意，但是生意一直没有起色，来钓鱼的人太少了。经过学习王冲老师的课程，谢总找到了自己的问题：不是缺客流，而是没有信息流。

**于是他采取了这样的做法：**

步骤 1 在抖音上找到粉丝超过 1000 万的钓鱼类的达人，这类主播专门在全国各地拍摄有关钓鱼的短视频。

步骤 2 邀请这类达人到鱼塘来钓鱼，并做成短视频放到达人的账号内，再赠送绿色有机农产品。

就是这样的一个举措，让谢总的钓鱼场收益增加 4 倍。

## 冲哥说：

**信息流就是先让客户找到你。**

### （3）信息流

在实际经营中，很多企业常常存在误区，认为业绩不好的原因是缺少客流，然而，实际上是缺少信息流，即没有有效地传递和推广企业品牌、产品或优势服务给潜在客户。抓住信息流对于企业的发展非常重要，企业要紧跟移动互联网的发展大趋势，关注和参与短视频、直播、社交媒体的活动，甚至需要专门建立新媒体部门来完成信息流的建设。

### （4）客流

客流是指人们在特定时间段内经过或进入某个区域（如商场、车站、景点等）的数量。它通常用于衡量人群密集度、交通状况以及商业活动的繁忙程度。在今天，客流的含义是指信息流获取的用户在体验企业的产品与服务后，转化为的准客户。

### （5）技术流

技术流是指在科学、技术和工程领域中知识与创新的传递和交流。它包括研究论文、专利、技术标准等形式的技术信息的流动。

### （6）现金流

现金流是指企业或个人在一段时间内收入和支出现金的总量。它反映了现金的流入和流出情况，对于企业经营和财务管理至关重要。

## 冲哥说：

**我们把利润让给合伙人，我们只要现金流。**

除此之外，流量又分为公域流量和私域流量。

公域流量简而言之就是平台的流量，企业入驻抖音、微信视频号、京东、拼多多、淘宝等，无不是看中了平台庞大的流量。为了公域流量，公司不断组织调整优化在公域平台运营过程的细节。

私域流量是属于企业的流量。例如，企业的微信公众号粉丝、加入到微信或企业微信等社交工具的社群里的用户、访问企业官网的用户等，都是私域流量。从企业资产角度来看，私域流量属于企业重要的数字资产。

没有公域流量做不大，没有私域流量做不稳。能够从公域流量导向私域流量的企业，才能成功掌握流量密码。

目前，公域流量仍在增长，企业对运营管理要做到更加精细化、标准化和数

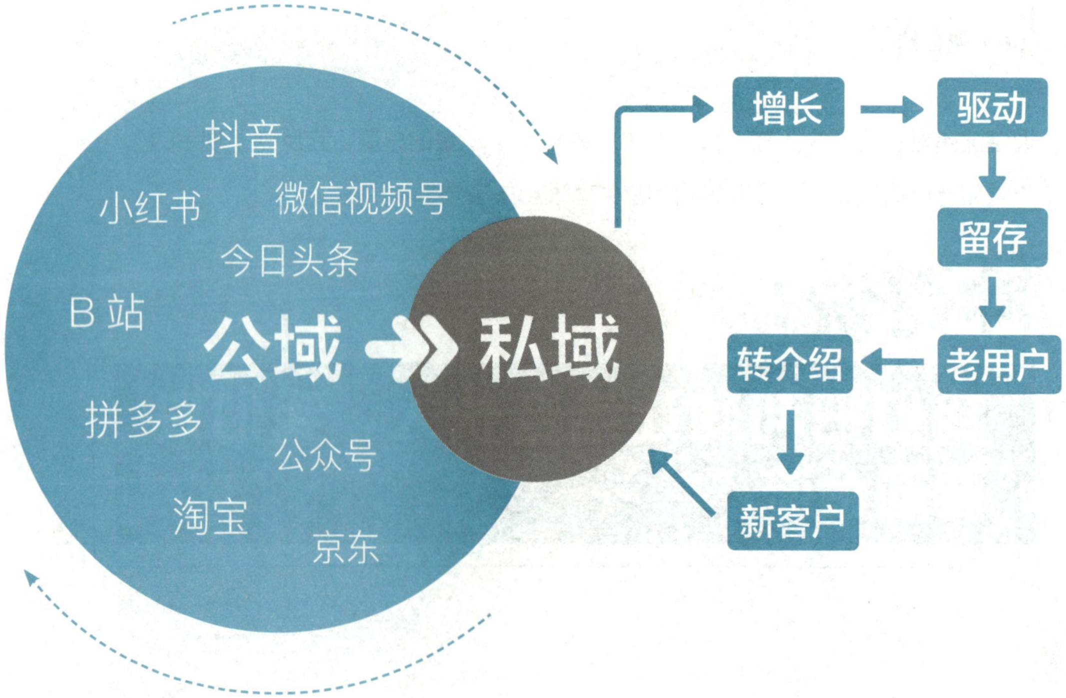

据化，对转化的数量要做详细的数据分析和数据核算等。

从整个大环境来看，获取流量的成本会越来越高。因为在过去的几年里，互联网的创业思路是“先吸粉再卖货”，这导致了互联网影响力的竞争转为投放信息流费用的竞争。并且需要用数据精准定位出用户画像、用户购买习惯等信息，指导企业的产品设计、服务方式等做出更为科学的迭代和创新。

目前，移动互联网流量已经在一定程度上进入瓶颈期，企业现在普遍都有流量困境，改变了投放大量广告来获取流量的策略。在今天存量市场的博弈中，企业需要具备很好的运营管理能力和赢利设计能力，并深耕细分领域，做小而美的利基市场，才能释放当前的流量价值。

从大而全到小而美，从增长黑客到私域流量，从增量市场到存量市场，是移动互联网在未来相当长一段时间里的运营趋势。企业经营思维已经在发生转变——增长从本质上讲还是拉新用户，做好私域流量反而能够实现对老用户的长期个性化的运营，增进用户对企业的感情，以持续提升用户活跃度、忠诚度和复购率。

理论上，留存老客户比开拓新客户更容易！所以我们需要从经营产品向经营用户转变，将经营产品从早期的增长—驱动—留存，转变为留存—驱动—增长，用存量找增量。通过符合企业实际的引流策略，做好存量市场，成为企业发展的关键！

**冲哥说：**

**流量是生意最大的入口。**

## 二、引流策略

什么是符合企业实际的引流策略呢？一般而言，我们通常采取“价格策略、会员体系策略、赠品策略、多元合作策略”四种策略来实现引流，做好存量，实现增量。

### （一） 价格策略获取流量

#### 1. 筛选引流产品

用价格策略获取流量的第一步是筛选引流产品。引流产品是“尖刀利器”，在流量池中切开一条口子，针对精准用户，用个性化的体验感让用户感知品牌的价值感与安全感，再流向企业的私域流量池。

# 冲哥说：

**过去老板比较的是谁有独一无二的产品，今天老板比的是谁掌握了流量。**

## 在线教育：
## 用免费学习引流，增强用户的体验感和使用黏性

沃米教育在职业教育领域深耕多年。

随着移动互联网的发展，人们学习的时间更偏向于碎片化、个性化、定制化，并且一部分的碎片化知识已经可以通过主流媒体平台获取，但是，要进行系统的内容学习还需要通过专业的培训机构和专业的导师指导。

就如今天的老板，可以在抖音上刷到很多关于商业模式的短视频，但是其底层逻辑、赢利路径、模式设计还需要通过专业成体系的课程，由导师进行梳理和指导。这时，短视频成为专业体系课程的引流产品，让用户提前体验和学习指导老师的授课风格、教授方法和教学特色。当老板觉得通过短视频有所收获，会直接选择该位老师的全套课程，进行系统的学习，期待找到能够指导企业落地的方法。

“找方法，能落地”，成为老板学员的一级痛点，那么在设计短视频引流课程的时候，就要把课程最核心、最贴近老板实际的案例给到他们，让他们有醍醐灌顶的感受，真正能解决企业经营中的问题，这就是最好的引流课程产品了。

沃米教育触摸到今天用户的学习方式的改变，大家更习惯利用碎片化的时间通过移动互联网端进行学习。沃米教育基于这个用户学习习惯，在线上平台沃米易学与沃米系列短视频账号中提供海量的、免费学习的资源。例如学历提升类（对口升学考试、专升本考试、成人高考、成人专升本等）、资格证类（初级会计职称考试、护士执业资格考试、主管护师资格考试、执业药师资格考试等）等的课程和题库资源。让用户先免费体验，再由专业的导师进行复习指导。通过服务增加用户与品牌之间的黏性，让用户顺利通过考试。

学员实操案例

## 火锅店“双爆”策略引流，业绩增长四倍

张总经营着一家潮汕牛肉火锅店，火锅店生意最好的时段就是晚上和周末，工作日的白天很少有生意上门。张总经常思考，怎样才能在工作日的白天也能让客户进店，实现赢利呢？带着这样的困惑和诉求，张总走进了王冲老师的课堂。

**招数一 爆品 + 高利润**

步骤 1 推出超值牛尾鲍鱼饭套餐，套餐内有牛尾和鲍鱼，真材实料，物超所值；

步骤 2 28 元一份，并随餐赠送一份青梅汁，自制饮品具有定价权，成本可控。

**招数二 渠道变革**

步骤 1 提供外卖服务，外卖包装及餐具上印有二维码；

步骤 2 食客扫码关注公众号注册会员，领取电子会员卡；

步骤 3 凭借电子会员卡到店消费可免费领取一份小菜，消费产生的积分还可以抵现。

**招数三 业绩增额奖**

步骤 1 鼓励服务员推荐套餐；

步骤 2 每售出一份套餐，就给予其 2 元的奖励，售出越多，奖励越多。

**招数四 精简菜单**

步骤 1 每个月在点菜系统内进行菜单总结；

步骤 2 去掉月销售低于 10 份的菜品，精简菜单；

步骤 3 控制备货，减少库存积压，也避免顾客偶然点一次却没有备货的尴尬。

张总运用“双爆”策略引流，扫码注册会员截流，到店消费免费送小菜回流，并通过业绩增额奖提升员工动能，让火锅店客流量增长三倍，营业额增长了近四倍。

如今，信息量暴增，用户的时间被各类信息抢夺，引流产品应缩短用户选择时间，才能在用户和企业之间创造双赢的价值，在引流产品设计的实际操作过程中，有一些细节不容忽略。

**① 抓住眼球、刚需、高频次**

引流产品对用户来说一定是有刚性需求，并且能够让用户反复多次购买的产品，在设计和营销层面要有足够的吸引力和话题性。

**② 便于用户理解的引流页面设计**

用户友好的界面和操作流程能够提高用户体验，增加用户的留存率。此外，还要具备良好的转化引导能力，能够把用户从兴趣阶段引导到购买决策阶段，并完成购买行为。

**③ 方便用户分享的按钮**

一键转发到社交平台或自己的朋友圈等功能，是引流产品一定要设计的功能之一。最大程度地扩大引流产品的覆盖范围和吸引更多用户，形成多渠道推广和裂变效应。

### 2. 超预期的成交价格

产品价格，涉及品牌战略的高效实现，影响着品牌营销创新，点燃着用户的消费热情：高价值产品吸引着高端客户，大众产品吸引着主流客户的目光。超预期定价，才能持续创造新产品，才能持续创造用户的消费价值认同。在用户运营过程中，既要以超预期的方式满足用户需求，又要深度对标竞争对手，无论是产品还是价格。

## 门店爆店：爆品秒杀，1 元引流

餐饮门店为了达到开业“爆店”的效果，该店设置了线上低价引流活动——“爆品秒杀 ，1 元品菜”，目的是让用户少花钱去试吃招牌菜，既让用户感受新门店菜品味道，又能迅速积攒人气。

首先，用户拍下商品后，引导其进群或添加企业微信进行核销，在此过程中无多余的消费，不跟其他的商品捆绑使用，营造一种纯福利的氛围。

其次，门店设置了 7 天的预约抢购时间，给用户互相传播分享留出时间，同时，通过倒计时渲染刺激的氛围，将活动的声势造大，在秒杀一刻达到订单暴涨的效果。

通过“1 元—分享—倒计时—秒杀等”一串的引流动作，确保用户在固定的时间内到店，实现爆店效果，同时，预估引流菜品预备数量，对成本有具体把控。

事实证明用户对于这种“无套路”的方式是最感兴趣的，在购买之后会主动添加企业微信，甚至在一开始还没有开抢的时候，就在频繁咨询有没有社群，想主动进去。这种通过营销活动使用户主动添加的行为，相比于让用户直接添加的效果会更好。而且还宣传了商家，提升了用户的好感度。这样的裂变方式带来的转化率比渠道投放更加精准，且将用户吸引到私域流量池中，这些用户在后续的复购转化甚至拉新中都是精准的客户群体。

## 3. 设计赢利链条（路径）

低价引流是企业亏损战略中的一环，真正赢利才是企业赢得市场的关键。对于企业来讲，在设计引流产品时，就要将整体赢利链条（路径）策划明确，这样易于设定目标成本，掌控利润可计算。

### 杭州西湖：免西湖门票反而拉动经济增长

杭州是著名的旅游城市，其秀美的风景与互联网气息的现代都市风格高度融合，让全国的游客都心生向往。到杭州，游客一定不会错过的旅游景点非西湖莫属。在过去，进入西湖景区是需要购买门票的，这也是大部分景区较为传统的赢利方式。今天的西湖景区一改以往的经营模式，将门票取消，敞开大门欢迎八方来客，旅游人数随之上升了一个台阶。

门票免了，来的游客多了，对停车位的需求暴增，因此附近新修建了多个付费停车位，才满足游客的停车需求。西湖景区占地广，游客一天才能领略部分风景，带老人和孩子的家庭徒步游玩会感到疲倦，这时景区会提供付费代步车方便游客游玩。到了用餐时间，游客大部分会选择在景区中边赏景边用餐，这样又带动了餐饮业的收入增长，甚至一座难求。对于有文化情结的游客来说，游历西湖会选择与西湖文化有关的周边产品留作纪念，景区内的创意文化门店消费又增长起来。对西湖景区来讲，看似门票的收入没有了，但是在景区的各个服务项目中，出现了门票几倍甚至十几倍的赢利增长点，从广义来看，对杭州市的旅游业务的增长都起到了推动作用。

学员实操案例

# 主动让利却赚大钱，如何不花钱建立驾培连锁？

王总经营驾校已经十几年了，随着市场需求量扩大，驾校在当地越开越多，王总的生源也越来越少。如何才能快速招生，让更多人来报名呢？为了解决这个问题，王总进入了王冲老师的课堂， 学习了几个月后，回去落地了几招。

**招数一 赠品引流**

步骤 1 原价 3500 元的报名费，现在优惠价 2300 元；

步骤 2 老学员推荐新学员报名成功，送老学员价值 2180 元的电动车一辆。

**招数二 降价引流**

步骤 1 报名费降至 999 元；

步骤 2 考不过退 1000 元。

**招数三 并购中游**

步骤 1 成立驾培连锁机构；

步骤 2 整合驾校资源；

步骤 3 并购 27 家驾校，成为当地最大的驾培机构。

**招数四 并购下游**

步骤 1 与车辆 4S 店合作；

步骤 2 与保险公司合作；

步骤 3 与汽车后市场行业合作。

王总通过两次引流，吸引了大批学员报名，业务量暴增 70%；后端又通过与 4S 店、保险公司合作，完成了收入链的延伸，形成了一个产业闭环。

## 冲哥说：

**流量分为四个部分：一是引流，二是黏性，三是赢利，四是裂变。**

## （二）会员体系策略锁定流量

企业通过公域流量将用户引导至自己的私域流量池后，如何让用户进一步成为忠诚用户和高频次消费的用户呢？会员体系是一种很好的锁流方式。

会员作为一种私域流量，是企业的忠实用户或高频次消费者所组成的用户群体，这些会员对企业品牌有较高的认同度和忠诚度，并持续地与企业进行互动和交易。企业可以通过会员体系获取关于会员的更多数据和行为信息，从而更好地理解和满足用户的需求。

### 1. 面向门店策略

#### （1）高保值多元化会员设计

这种会员的设计，是为了让客户充值固定金额得到翻倍的价值，拉长客户在门店的消费周期，增加客户的消费频次，享受到折扣优惠，同时，培养客户在本店的消费习惯。

设计方式如下。

在福州经营美容院的郝总，为回馈客户，策划了入会尊享豪礼的活动，具体如下。

| 模式 | 案例 |
| --- | --- |
| ①充值固定金额 | ①客户充值 3000 元成为会员，会员卡内有 3000 元现金可用 |
| ②享受会员独有优惠折扣 | ②会员享受七五折优惠 |
| ③赠送不同面额和次数的优惠券用于后期消费 | ③会员赠送 30 张价值 100 元的抵用券，每次消费可使用 1 张，可赠送朋友或家人使用 |
| ④赠送同行或跨行消费类抵用券 | ④会员赠送 3000 元本地通消费券，可在当地指定餐饮、娱乐门店使用 |
| ⑤消费返用户积分 | ⑤会员每次消费返积分，可抵充现金使用 |
| ⑥免单机会 | ⑥会员获得 1 次消费免单机会 |

对于客户来讲，成为会员不仅可以享受会员的尊享服务，还可以享受消费项目的折扣与优惠，以及其他商家优惠。对于门店来讲，不仅锁定了会员，还通过赠券的方式让会员宣传了门店，裂变了新的客户。

作为门店，如何设计充值倍数才比较合适呢？这里笔者通过数次实践，得到一个较为合理的充值倍数公式：**充值倍数 =1/ 利润率**

例如，利润率是 50%，套用上述公式充值倍数就是 2；如果利润只有 35% 充值倍数就是 3；如果利润率是 20%，充值倍数即为 5。

**（2）让用户少做选择**

减少用户需要做出的选择是提供简单且愉快用户体验的一种策略。过多的选择可能导致用户决策困难、犹豫不决或感到压力，从而降低他们的满意度。

下列三种充值方案，你作为客户会选择哪种？

基于门店经验，一般客户会选择第 2 种充值方式。3000 元的消费通常在客户的承受范围之内，但是对于万元起步的充值，大部分客户没有消费信心。其实这是一种充值方案的设计，是从用户的消费体验感的角度进行设计的。价值最大化，好处最大化，杠杆最大化，如同“绿叶衬红花”，让客户一下做出选择。

下列是另一家门店的充值方案，作为客户你会如何选择？

此时，客户产生了犹豫，因为不能第一时间计算出优惠折扣，用户选择成本变高，优惠力度感知不明显，很容易流失让用户充值的机会。

## 2. 面向服务业的策略

服务业企业可以提供个性化、专属的服务体验，加强与会员的连接。同时，会员体系也可以成为吸引新客户和促进口碑传播的重要工具。

## 冲哥说：

**流量思维是做生意的王道。对于门店来说，水、电、房租、人工等都不是最大的成本，最大的成本是没有人来！**

# 如何让合伙人零库存实现快速赢利？

学员实操案例

周总从事空气净化机和巴马水的生产与销售，如何能让产品被更多人使用？如何能让代理商没有库存？一大堆问题困扰着周总。周总跟随王冲老师学习半年后，回到公司运用几个策略进行落地实践。短短一年的时间，水项目就发生了天翻地覆的改变。

**招数一 去库存商业模式**

步骤 1 将 100 万元的代理进行分割；
步骤 2 把传统 300 万元的货分割成 30 个 10 万元的卡；
步骤 3 把 10 万元的卡分解成 15 张 1 万元的卡（分解后 1 万元的卡中含其他附加值赠券）；
步骤 4 把 1 万元的卡分解成 5 张 3600 元的卡（分解后 3600 元的卡中含其他附加值赠券）。

**招数二 会员卡**

步骤 1 设计“福、禄、寿、禧”会员卡；
步骤 2 交 3600 元成为福卡会员；
步骤 3 给 4325 元的水。

**招数三 赠品引流**

步骤 1 成为福卡会员，赠送会员管理系统；
步骤 2 拥有独立商城系统；
步骤 3 赠送 180 积分，产生消费即赠送积分，可 1∶1 兑换商品；
步骤 4 赠送四天三晚豪华巴马长寿游。

**招数四 分享裂变法**

步骤 1 投资 10 万元成为水务中心；
步骤 2 含 10 万元的水；
步骤 3 含 30 张福卡；
步骤 4 每推荐一个水务中心，奖励 2 万元，推荐 5 个水务中心即可回本；
步骤 5 奖励每位会员续卡金额的 5%。

**招数五 搭平台**

步骤 1 开招商会招收会员，主推福卡；
步骤 2 将会员引流到巴马旅游参观游玩；
步骤 3 在巴马招商会现场推广水务中心。

通过一些系列去库存的商业模式运作，在短短的一年时间里，营业额从每个月 100 多万元增加到每个月 1000 多万元，让合伙人现金回流，让门店没有库存。

服务业可根据引流、增黏性、锁定、增赢利这样的功能设计出一套完整的会员模式方案：福、禄、寿、禧套卡模式。

① 福卡

福卡的申领条件较低，可让用户比较容易地进入套卡体系内，以体验产品或服务，对品牌产生初步的认知，逐渐成为准用户或忠实用户。

② 禄卡

禄卡为了增加用户的黏性，推出相应的权益，如优先权；再让用户享受到实在的优惠折扣，如充值返现、单笔免单、邀友返现、分享得积分或兑换券等；最重要的是体验到差异化的服务。

③ 寿卡

寿卡锁定的是忠诚度高、可以成为会员、长期、多频次消费的客户，让客户在企业的会员体系内体验到与同行其他品牌不同的服务品质，与普通用户截然不同的定制化、个性化的需求得到满足，彰显身份不同。

④ 禧卡

禧卡是从寿卡用户中筛选出来对品牌认可度高、愿意长期陪伴品牌发展与成长的忠实用户，他们的消费周期长，消费能力强，消费频次高，且具备转介绍、推广的能力和成为战略、城市或内部合伙人的能力。

## 冲哥说：

**福禄寿禧卡是一套完整的商业打法，意味着把服务业设计成引流卡、黏性卡、会员卡、赢利卡。**

## 美容行业：
## 用会员卡制度锁定客户

美容行业为了现金流快速增长、延长客户消费周期与增多消费频次，都会采用“会员制度”来锁定客户，而客户则是希望获得特殊优待才愿意成为门店会员。实际上，会员制度是门店与客户之间签订的“互惠契约”，门店不能为了签约而让步，客户如果觉得无利可图也会拒绝签约。接下来我们共同找到客户的关注点，让客户与门店实现共赢。

**（1）设计入会门槛：低开卡门槛 + 超预期价值**

顾客在什么情况下会主动充卡？

一是门店项目效果好，客户长期需要；

二是充卡门槛低，充值后消费更划算。

首先可以给客户推出“会员体验月卡”。

①价格便宜，花钱不心疼；

②持卡享权益，打折 + 赠送，非常实惠；

③每人限购 1 次，限用 1 个月。

例如，客户单次消费满 300 元，再加 39 元即可获得会员体验月卡，此单享受八八折，消费完卡内还有余额，下次到店可继续使用。另外月底消费满 2 次，赠送价值 189 元礼盒，满 3 次，赠送价值 299 元礼盒。

**（2）美化会员卡：档次不同，称呼不同，卡外观不同**

通过充值、消费、积分等金额的不同，区分出会员卡不同的档次，对会员的称呼也要随之发生变化，如尊贵的金卡会员、尊敬的银卡会员、亲爱的 VIP 卡会员等。

会员卡外观、专属服务的人员职级、接待的环境和用品等都应有区分，如：金卡会员由特级人员接待，在布置较为奢华宽敞的空间，使用的产品源自轻奢类别；银卡会员由高级人员接待，在中式或简约的空间，使用产品为尊享类别；VIP 卡会员由中级人员接待，在温馨舒适的空间，使用产品为自然类别；等等。

让客户直观地感知层级差异，不仅更显身份不同，也能够潜移默化地引导消费。

**（3）会员卡福利：巧妙设计，提高耗卡率**

①会员等级越高，所享福利越多。例如，金卡会员，体验项目八折，购产品八五折；银卡会员，体验项目八五折，购产品九折；VIP 卡会员，体验项目九折，购产品九五折。

②会员充值当天、生日当天，免单门槛有所区分。

③会员消费当天增加项目类别、档次和数量有所区分。

④每月赠送折扣券数量和金额有所区分等。

越强烈的差异化，越能让客户直观感受不同消费阶段的不同消费体验，越能让客户感知不同的会员尊享。

## 3. 面向制造业的策略

**（1）将客户发展为合伙人**

传统制造业企业的发展路径为：

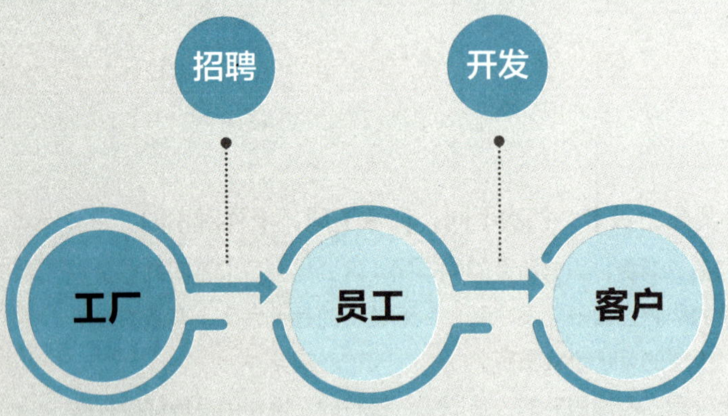


新的制造业企业的发展路径为：

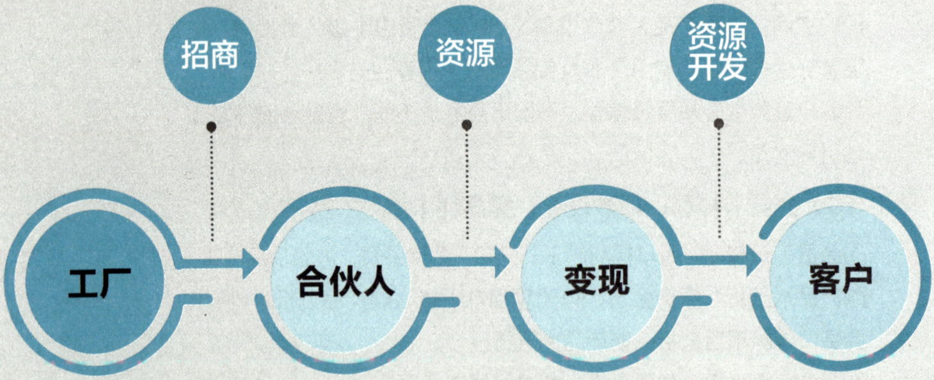


# 冲哥说：

**打造 IP 的顺序：个人 IP，企业 IP，产品 IP。**

（IP,Intellectual Property，知识产权）

传统的制造业工厂在赢利模式上，主要采取招聘的形式，找到业务能力比较强的员工，然后挖掘员工的潜力去开发目标客户，通过宣传、谈判等方式达成合作，工厂拿到合作的交付费用，员工赚到提成。在移动互联网时代，业务员的推广能力赶不上新媒体信息流广告的投放，业务员挖掘客户的速度赶不上大数据的搜索……新的制造业工厂赢利的模式发生了变化。

工厂从招聘升级为招商，如同门店招会员，工厂招的是合伙人。这类合伙人有资源，有现金，有能力，但是缺乏变现能力，他们可能是客户，也可能是供应商，还可能是经销商。工厂卖的不再是单一的产品，而是“产品＋变现”的模式，这样合伙人才能最大化地让自己的资源变为现金流，越来越多的合伙人也会随之而来。

合伙人也有等级之分，如战略合伙人、城市合伙人、创业合伙人等，他们所享受的权益不同，所获得的收益也有区分。这部分内容在下章“赢在变现”中会详细讲解。

**（2）线上短视频 + 线下合伙人**

随着商业环境、客户消费习惯和移动互联网科技的发展与创新，企业的渠道发展也发生了变化。原来的发展渠道为“集市→百货公司→超级卖场→商业综合体→电商平台”，到了今天，企业即将发展的渠道为“线上短视频 + 线下合伙人”。对企业（如从事建材、机械销售等）来讲，要认清企业的属性，是产品赢利、渠道赢利还是用户赢利，或其他赢利？无论属于哪种属性，都要通过线上布局做新媒体短视频的矩阵，在线下发展要有合伙人模式。合伙人模式会在第六章“赢在团队”中具体阐述。

## 冲哥说：

**要知道流量在哪里，人就在哪里。**

中国移动互联网总用户规模已经突破了13亿，截至2020年6月，短视频用户规模达 8.18 亿，由此数据可以看出用户已经深度活跃在线上，企业在选择引流或变现的渠道时，一定不能错过短视频平台。截至 2023 年 5 月，我国民营企业的数量超过 5000 户，这些民营企业的老板就是具备资源、现金、能力的合伙人之一。如何采取强强联合的方式使资源最大化、变现能力最大化，才是未来企业老板需要深度思考和实际落地的方向。

## （三）赠品策略吸引流量

1 **赠品一定要有价值，**要对主产品产生促销作用，例如：购买品牌电动牙刷赠送牙膏；购买游乐卡赠送免费自助餐；等等。这类赠品对用户来讲有价值，与主产品关联性强，对企业来说起到了主产品促销的作用。如果赠送给用户的产品，让用户觉得可有可无，没有任何感觉，那么送也是白送，浪费成本。对主产品起不到促销作用，不如不送。

2 **赠品也要产生收入链，**如果赠品没有复购或其他方向的销售延伸，则不适合选为赠品。通常，可以选择美容产品、按摩仪器、电话卡等作为赠品。例如，女性购买睫毛膏或者口红，商家会赠送独立包装的卸妆湿巾 3 ~ 5 片。对于现代女性来讲，独立包装的卸妆湿巾属于刚需品，外出游玩、办公出差方便携带且消耗量大，复购频次高，对企业来讲会产生延伸销售，赠品也产生了收入。

3 **赠品本身存在价值，**就意味着赠品也要付出成本，如果企业的收入链不能覆盖“正品＋赠品”的成本，那么成本就会越来越高，现金流会出现问题。也因此，对于赠品如何去设计，笔者用数学公式的方式，将赠品设计方案归纳为三种模型。

## 1. 直接赢利：主产品 + 赠品 + 推广费用 < 100%（收入）

当主产品成本、赠品成本与推广费用的总和小于总收入时，则企业是直接赢利的。对于中小微企业来说，要控制在 30% 的利润水平，再设计赠品。

## 2. 同心多元赢利：主产品 + 赠品 + 推广费用 = 100%（收入）

当主产品成本、赠品成本与推广费用的总和等于总收入时，则企业需要设计一款赢利产品来实现利润。此时我们应回归到引流产品——赢利产品的设计思路中，主产品、赠品和推广费用的总成本大于企业收入时，此时赠品和推广都是为了引流，企业此时为战略性保本或微亏，就要考虑设计新的赢利产品来产生利润。

## 3. 跨行跨界赢利：主产品 + 赠品 + 推广费用 > 100%（收入）

当主产品成本、赠品成本与推广费用的总和大于总收入时，则企业需要联合其他行业来共同实现赢利。这类赢利模式比较适用于体量较大的企业，实现跨行跨界布局和大赢利。

## 冲哥说：

**抓住人喜欢优惠打折的心理，**
**通过塑造产品价值的方式来做赠品引流。**

## 美容门店：
## 靠赠品实现收入增长

一家高级美容会所为了提高新一季度的新充值用户的成交金额，为 VIP 会员制定了新的赠品方案。

步骤 1 该店 VIP 会员的充值门槛是 5980 元，会员卡内有 5980 元的现金可以用于会所内美容项目的消费。

步骤 2 会所赠送 VIP 会员 5980 元进口品牌面膜，用于日常基护保养。

步骤 3 当季是旅游旺季，还赠送 VIP 会员价值 5980 元马来西亚 4 天 3 夜的旅游产品。

| 会所兑现项目 | 兑换金额 / 元 | 成本 | 企业毛利 | 企业收入项目 |
|---|---|---|---|---|
| 可消费的会员卡 | 5980 | 25% | 30% | 会员卡充值 |
| 进口品牌面膜 | 5980 | 15% | | 其他美容消费项目 |
| 马来西亚旅游（4 天 3 晚） | 5980 | 20% | | 旅游途中消费项目分成 |
| 其他营销推广费用 | 依照市场情况而定 | 10% | | |

如此核算下来，美容会所不仅实现了 30% 的毛利润，还在其他赠品和主产品收入链条中产生了收益。

## 美容洗车行：
## 洗车赠送，靠其他服务赚钱

作为美容洗车行，缺的是客流量。某美容洗车行为了增加客流量，与当地汽车保险公司合作，凡是购买保险公司产品的车主，均赠送美容洗车行的会员。会员在店内体验美容洗车项目可以享受九五折优惠，再赠送车主一年免费洗车服务。在洗车的全流程中，无任何多余收费，由内到外采用 5S 级别的洗车标准，还送轮胎保养一次。

该洗车行老板在车主洗车等待期间，邀请车主到休息室，内有沙发、饮品，并且还播放与汽车美容相关的视频内容。在沟通的过程中，车主被科普了许多汽车保养的知识，又看了许多汽车美容后的酷炫视频。车主为了爱车的持久耐用、美观独特，在环境与折扣双重刺激下，在后期会产生多次消费。美容洗车行洗车 + 轮胎保养 + 保险公司推广成本与洗车收入持平或微亏，但是在同心多元化的其他汽车美容、保养等相关消费项目中产生了收入和赢利。

## （四）多元合作策略创造新流量

### 1. 资源合作

资源合作——分享资源者分利。这种资源合作模式在业界被称为资源共享或共享经济。共享经济是一种基于互联网和技术平台的商业模式，通过资源共享实现赢利和服务提供。共享经济模式的成功离不开高效的技术平台、强大的市场推广能力和良好的用户体验。

**滴滴出行：**
**最大化车辆资源价值，让司机与用户同获利**

滴滴出行基于共享经济模式，将私人车辆和专车司机的闲置资源进行整合，并提供在线预约打车、拼车和租车等出行服务。这种模式允许个人车主和专车司机将他们的资源（即车辆和驾驶技能）共享给需要出行服务的用户。

通过这种资源合作模式，滴滴出行成功地整合了大量的出行资源，并通过平台的互联网技术和服务提供良好的出行体验。车主和司机可以通过共享资源获得额外的收入，而滴滴平台则基于资源共享实现了持续的赢利和业务增长。滴滴出行采用的是分成模式进行分利。具体来说，车主和司机提供资源给滴滴平台，然后根据完成的订单计算收入，并与滴滴平台按照约定的比例进行分成。这样，资源提供者可以获得一部分订单收入，而滴滴平台则通过收取服务费和推广费用获得赢利。

资源合作模式要求企业具备强大的技术平台、产品和服务的供需匹配能力和运营管理能力。同时，对于资源提供者和平台来说，公平合理的分成机制和良好的服务质量也是关键因素，以确保双方的利益和可持续发展。

# 冲哥说：

**今天的老板要学会把社会的资源用起来，资源是创流的前提。**

## 2. 流量合作

流量合作——彼此的会员即为彼此的流量入口。在这种合作模式下，双方通过建立合作关系，共享彼此的会员资源，实现互惠互利的流量引流和增长。具体来说，同一个用户会员身份，在另一个企业或平台同样适用，享受同等的会员权益。

### 美团收购大众点评：流量的指数级增长

美团和大众点评在未合并之前都拥有庞大的用户量，2015 年美团将大众点评收购之后，为了实现互相引流和用户增长做了很多努力。

首先，将双方的会员资源进行整合。美团的会员可以直接在大众点评上使用自己的账号登录，享受大众点评的服务和特权；同样，大众点评的会员也可以在美团上登录并使用其提供的服务。这种合作模式使得两个平台的会员都能成为对方的流量入口。

其次，增加用户黏性和活跃度。当美团的会员在大众点评上预订餐厅或写评论时，可以获得相应的积分奖励或优惠券，从而促使会员持续使用平台，并提高用户参与度。

再次，借助双方差异化优势拓展新用户。大众点评涵盖各类生活信息，在定位上侧重导流；美团则主做团购、外卖类，侧重于交易。由于美团和大众点评各自拥有庞大的用户基础，又进行差异化经营，那么彼此会员的流量入口互通可以帮助二者吸引新用户，以此提高平台的用户数量，创造更多的商业机会和赢利潜力。比如当某个用户在美团平台上成为会员后，他可以直接使用自己的账号登录大众点评，享受更多餐饮、娱乐和生活服务。

### 3. 客户合作

在ToB(面向企业)和ToC(面向客户)的商业模式中有众多成功企业代表，具体来说，ToB模式的核心就是寻找合作伙伴——企业寻找的潜在合作伙伴可能是其他企业、个人或组织，他们可以与我们共同开展业务合作，且可以利用他们的渠道、资源和网络来帮助企业传播和销售产品或服务，以此吸引更多潜在客户实现裂变。这种裂变效应意味着我们的产品或服务可以通过合作伙伴的努力快速传播给更多的消费者，不仅实现了更广泛的市场覆盖，还能够利用他们的专业知识、资源和关系网来提高销售效果。

#### 花店：
#### 会员1元品燕窝，3个月营业额突破100万元

因为直播带货卖花的快速发展，线下花店赢利受到一定的冲击。杭州某商圈有一家花店，花店为三层洋房，一层是花艺展示区域，二层是养生和花艺授课区，三层是会员客户交流休息区域。这家花店也受到了线上花店业务的冲击，遇到了瓶颈，于是这家花店老板在学习、思考之后，进行了几步操作，搞活了店面，突破了困局。

第一步，花店老板追赶潮流，运营自媒体平台账号，每天坚持2小时直播分享花艺知识，收获了一批忠实粉丝，并邀请粉丝到店参与面对面的花艺授课和体验。

第二步，为激活会员客户购买潜力，邀约线下老会员到店，近距离接触花艺大师，推出“会员购花消费满38元，当天赠送价值39元燕窝一份”。当天会员如果想带走燕窝，付1元并店内拍照打卡发朋友圈，可再得一份燕窝带回家继续品尝。

第三步，当天充值298元可成为会员，返会员300元消费券，再赠送300元商圈内其他商户消费券，再赠送花艺大师300元课程，会员购买花卉或者整个礼盒燕窝享受八折优惠。

经过这三步操作，活动当周，到店体验课程和品尝燕窝的女性顾客爆满，在趋向性升级会员的带动下，当周会员人数也呈现了翻倍的增长。同时，会员的裂变推广起到了显著的作用。

花店老板通过会员门槛筛选了一批精准客户，为赠品燕窝的收入链积攒了一批忠实客户。花店老板在活动时产生的花卉成本+邀请花艺大师成本+燕窝成本+其他招待营销成本等大于了100%（收入），但是花店老板通过跨行业销售燕窝实现了赢利。

# 赢在变现

企业做大做强的过程，就是持续变现的过程。

——王冲

如今，老板们已经逐渐意识到流量对于企业经营和长期发展的重要性，并通过模式的设计来获取越来越多、越来越稳定的流量。但是在今天，人口和互联网的红利疯涨期已逐渐过去，如何把存量变为财富成为企业赢利的核心。

在日新月异的互联网大数据的行业发展中，随时随地都会诞生新的变现方式，特别当互联网行业与其他行业相结合，线下门店与线上新媒体、社交平台相结合时，会迅速诞生一批前所未有的产品，这些产品的变现方式也是千变万化。但无论是线上还是线下，变现的方式主要有两种：产品变现、团队变现。

对于今天的企业来讲，与流量相比更为重要的是变现的能力，变现是流量运营的最终目标。那么，变现如何高效达成呢？

实现变现要明确企业设计的“流量－变现”的链路是一条可跑通的闭环，这一链路包含引流、留存、促活、转化、分析（复盘）几个环节，比较适合通过私域运营实现赢利的企业。

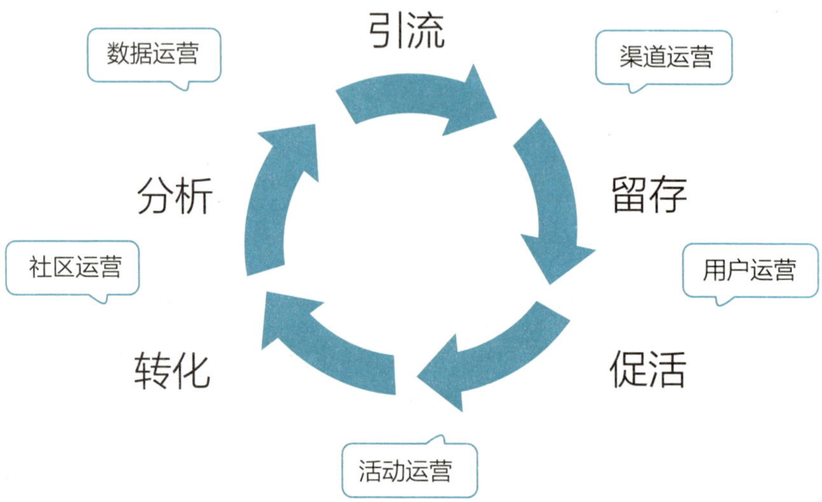


对于 O2O（线上到线下）企业来讲，其运营链路更为复杂，涉及传播、蓄客、互动、消费几个环节，梳理好每个环节的标准和流程，才能进行微创新，实现微赢利。

在明确了自己企业的“流量－变现”闭环之后，要确定每个环节所起的作用。比如引流被看作战略性亏损，那么在变现的过程中要就设计出赢利的模式和增长点，亏小于赢，企业才能产生利润。在互联网的时代，利润是可以通过公式计算出来的：

一家公司的商业价值 = 其拥有的用户数量 × 平均单体用户价值 - 流量营销成本 - 交付供给成本

收入 = 流量转化率 × 客单价 × 复购率

利润 = 收入 - 成本

## 冲哥说：

**老板要有找到鱼塘的能力，要有找到精准客户的能力。**

这里的流量对应的是用户数量，变现对应的是平均单体用户价值。提高平均单体用户价值，一是提高客单价，二是提高用户复购率。如果用户数量或平均单体用户价值很低，收益将无限趋近于零。根据价量之秤：一是尽量提高每件商品的毛利率，二是扩大商品的销量。

搞清变现的路径、了解变现的一般公式后，我们将进入变现的方法论，笔者归纳为两种变现方式：产品变现、团队变现。

## 一、产品变现

传统企业的变现，简单来讲就是销售产品获取赢利。经济学家亚当·斯密的交换价值理论，就指明了传统企业变现的本质：任何有用的资源、产品或服务都可以在市场上交换，并具有经济价值。对于传统企业来讲，变现就是通过交易、销售或提供服务等方式将有用的东西转化为货币或其他形式的经济收入。在变现过程中，理解市场的需求和供给非常重要。如果某个资源、产品或服务能够满足市场上的需求，且供给有限，那么它就具备了变现的潜力。

根据供需关系，变现成功与否取决于供应商是否能够提供适当的价格和质量可靠的产品，产品是否能满足消费者的需求。变现的核心在于创造价值。

企业无论是创新产品、提供高品质的服务还是提供独特的体验，只有让用户获得创造价值的资源、产品或服务才能成功变现。

这种传统的变现方式，其本质就是买和卖，适用于过去供需不足的时代；在今天供大于求、大数据算法推荐的环境下，用户的选择更为丰富。对于企业来讲，要从买卖的思维中跳出来，把用户引导至企业的私域空间就具备了变现的基本条件。

**冲哥说：**

**老板错误的价值观会导致企业发展出现误区。**

学员实操案例

## 不卖茶叶卖茶园，实现销量暴增

四川经营茶园的梁总，过去卖茶叶增值的价值，但是现在卖茶叶的竞争对手多了，这种囤茶卖价值的方式已经不适用了。卖茶叶遇到了低谷期，后来他走进了王冲老师的课堂，用这样的方式实现销量暴增。

步骤 1 交 5 万元可以得到茶园 12 年的使用权；

步骤 2 茶叶产量的 50% 给使用者，可以售卖；

步骤 3 茶叶销售额茶园主和茶园使用者各 50%；

步骤 4 5 万元不交给茶园主，存入农业银行，做 5 年的委托理财产品；

步骤 5 5 年后本金退回给茶园使用者。

### （一）从卖产品到私域运营

今天，企业链接用户的方式发生了改变，从销售网点、门店发展到微信、微博、抖音、今日头条、微信视频号、淘宝、拼多多等新媒体和社交平台。前一章讲到了如何从这些平台中获取流量，但是获取流量就一定能够变现吗？在今天，将流量转化到企业的私域，通过会员制等方式，让用户从企业获得利益，使用户与企业转变为强关

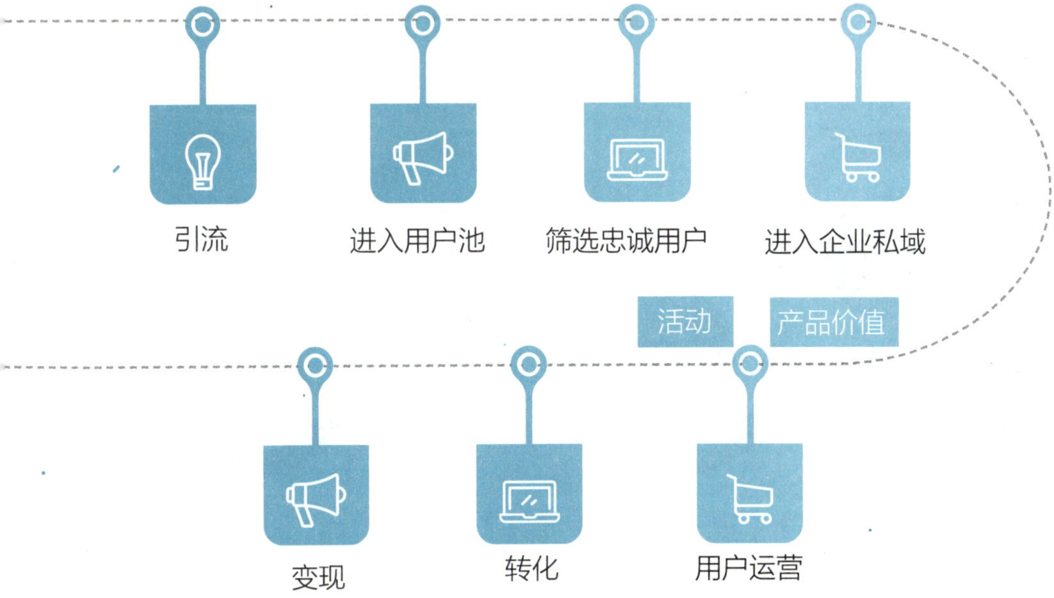

联的属性。

私域变现是指企业利用自身积累的用户资源（包括线上和线下渠道获取）、粉丝关系和数据优势，在自有平台（或门店）进行各种营销活动以实现收益的过程。用户是企业拥有的独立用户群体，企业可通过品牌官网、APP、社交媒体账号、电子邮件列表等渠道与用户进行直接交互和沟通。

对于互联网企业来讲，通过用户实现变现的方式较为灵活，如通过发布高质量的内容，吸引用户订阅、关注，并通过广告、赞助等方式获得变现收入；在自有平台上开展电商业务，将用户导流至自有商城或线上店铺购买产品或服务，实现销售收入；利用积累的用户数据进行精准定向广告投放，吸引企业合作并获得广告收入；与相关品牌进行合作，通过赞助、代言或联合推出产品来实现变现。

对于线下门店如超市、餐馆、汽车美容等，用户来到私域空间，可变现的方式也有很多，如可以用**会员机制**，**产品的利润分给会员**，让**会员享受折扣**、**积分等优惠政策**，企业则通过收取会员卡费用赢利；还可以通过**建立合伙人机制**，让利给合伙人，通过设计合伙人模式实现赢利等。

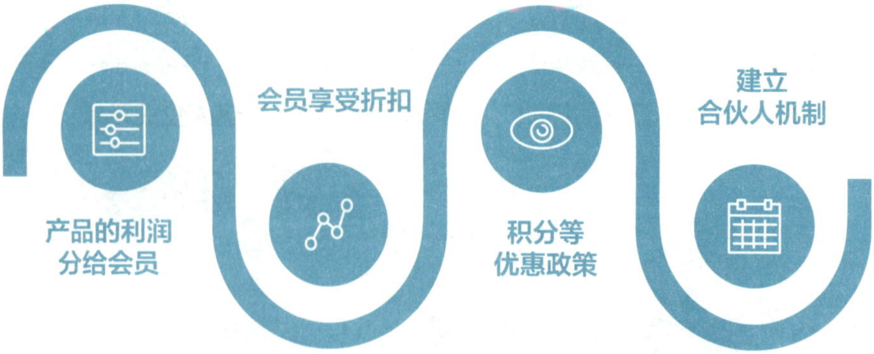

### 1. 将会员作为产品变现

今天的用户对服务体验提出了更高的要求，用户对消费过程中企业提供的产品、服务和反馈机制更为在意，甚至用户愿意为更好的体验感买单。

企业为提高用户服务的差异化，会选择用建立会员制的方式进行区分。

会员制不但能培养用户的忠诚度、提高用户黏性，还能够延长用户的生命周期。而且还有部分用户因为会员有某些产品的优惠折扣而入会，从而提高了企业的销量。这时企业可以将会员作为一种产品进行销售。其中最为常见是就是京东的 plus 会员，如果没有 plus 会员，用户不是每个月都能获得免费的运费券，购物就会产生运费，部分年轻用户提到运费宁愿选择不购买产品。

“会员”二字有时候对于消费者来讲有一定的心理满足感，会让用户产生优于其他消费者的感受，这也是利用了用户的攀比心理。而且成为会员还能享受一定的优惠折扣，促进消费者的复购。

企业可以将会员包装成三类产品销售：身份卡、资格卡和权益卡。

**（1）身份卡**

身份卡主要用于确认会员的身份和特权，它可以是一种标识，证明持卡人是该企业的会员。最重要的作用是区别于普通消费者，让会员从消费场景及消费服务的各个环节和细节中，体验到与普通消费者的不同。例如，酒店的会员身份卡，在旅游旺季，对于普通消费者来说好房型较为稀缺，且预定较难，而持有该酒店身份卡的会员不但可以享受房间升级的服务，还可以享受免费停车、健身房和泳池使用等优先特权。

身份卡赋予了会员区别于普通消费者的一些优享服务，根据用户对服务的要求和需求，让用户为更优质的服务买单，实现变现。

学员实操案例

## 前端让利主动亏钱，后端追销扭亏为盈

季总经营着一家汽车养护店，汽车养护店最大的问题可能就是工作日的白天没有客户上门，生意十分惨淡，公司现金流紧张，员工因没有业绩流动性较大。季总很困惑：怎么样才能改变这种现状，让员工都动起来，让用户在工作日的白天也能进店呢？经过王冲老师的课程学习，利用这几招，季总解决了上述问题。

**招数一 前端让利 + 后端追销**

步骤 1 充值 100 元洗车卡，赠送原价 100 元一次的汽车精洗项目 6 次；

步骤 2 洗车卡的使用时间在周一至周五的早上 10 点到晚上 5 点之间；

步骤 3 当客户进店后，可以通过后端的汽车美容、养护、内饰、漆面、镀金等项目进行追销赢利。

**招数二 “傍大腿”**

步骤 1 在高级写字楼和商场的地下停车场开门店，直接获取精准用户；

步骤 2 与万达、吾悦等购物中心以经销商的模式进行合作，每家店将一定比例的提成给到该地区的区域总监；

步骤 3 提前一年获得商场和写字楼开业信息，提前对接，开业前直接签约就可以，免去寻找门店店址的烦恼。

**招数三 薪酬设计**

步骤 1 改变传统的薪资标准；

步骤 2 将工资分割成门店的管理、业绩板块、客户的后端满意度等方面的综合评估；

步骤 3 把月目标分解到每一天，从做多少拿多少转变成帮员工提升薪酬。

**招数四 公司培训化**

步骤 1 将新店员工进行集中培训，统一标准和底线，提升整体能力；

步骤 2 集中培训门店内的项目操作流程，解决内部矛盾；

步骤 3 提升团队快速复制能力。

季总回到门店将课程落地实践，解决了客户不进店、门店难扩张、员工没动力、现金流枯竭等问题。两年内，季总的营业额从原来的 300 万元增加了 10 倍。

### （2）资格卡

资格卡通常基于一定的条件或门槛来发放给符合要求的用户，它可以根据用户的购买金额、消费次数、积分累积等衡量标准进行发放。例如，某家商场的金卡可能表示持卡人每年消费满一定金额，从而获得更多的优惠和服务；健身房年卡，表示购买了一年期的健身房会员卡后，会员可以无限次数使用健身设施和参加各种健身课程。这种资格卡比较传统，也是企业常用的为了延长用户消费周期的一种会员卡方式，但是企业还停留在降价促销的思维方式上。传统资格卡的设计，从用户的角度出发，让用户享受到更多的便利和服务，并且给予用户较大的优惠空间，企业不从产品本身赢利，而是赚取会员费用。

# 海鲜资格卡，享受全球海鲜盛宴

学员实操案例

福建的尚总，专门经营海鲜生意，他砍掉了省级、市级、农贸市场等各级批发商，而是打造了一个海淘 APP，将世界各国刚刚上岸的各类海鲜直接在 APP 中销售。他采取会员制模式，只有会员才能享受海鲜上岸一手价格。用这样的模式，一周时间吸引了 2700 万人！

资格卡可以这样设计：

第一，企业只接待会员，如会员酒店只接待交会员费的用户，让会员对入住资格有更为直观的感受；

第二，会员消费享受折扣，如会员入住酒店享受 60% 折扣；

第三，会员可享受与其他商家相比更便捷的服务，如一般酒店是中午 12 点退房，会员酒店退房可免费延迟 2 小时，早餐费用一般是单独支付，会员可享用免费早餐；

第四，给会员提供温馨的细节性服务，如会员酒店会在晚间免费赠送一杯牛奶，送至房间；

第五，会员积分制，如酒店的会员不但可以享受折扣，还有 1.5 倍积分，可以抵用房费和其他消费。

这种资格卡的设计形式，从服务、价格以及优惠政策上都与同行业者产生了明显的差异化，让资格卡真正体现了价值。

**（3）权益卡**

权益卡主要关注会员在使用过程中所享有的特权，它可以提供一系列的福利和优惠，如专属折扣、生日礼物、积分返现和会员活动等。例如，某家连锁超市的权益卡，可为持卡人提供每周特别折扣、积分返现以及参加会员专享活动的机会；持有餐饮连锁店会员权益卡的会员可以享受每月一次的免费饮品或特定菜品、生日特别优惠以及积分返现活动；持有电商平台会员权益卡的会员可以享受专属折扣、免费快递、提前购买和获得参与独家促销活动的机会。

学员实操案例

# 兄弟共创会资格卡：成为会员享受实惠价格

在药店购买滋补品一般比较昂贵，但是成为兄弟共创会的会员，可以享受超级实惠的价格。兄弟共创会网罗了众多高端品牌，专为会员服务。

步骤 1　交 1 万元成为兄弟共创会的会员，享受共创会会员资格。

步骤 2　共创会内品牌的产品可以用批发价格购买到，例如某药店 500 g 3A 级虫草售价 6.5 万元，员工内部价为 5.6 万元，兄弟共创会会员价格为 2.6 万元；购买灵芝孢子粉，店内销售价格在 1 万元以上，而会员价格仅 1 千元。

客户通过购买会员卡可以享受优惠的资格，客户节省了成本，企业增加了客流，增加了客户的黏性。

不同类型的会员卡都旨在吸引用户参与会员体系，增加用户黏性和忠诚度，并通过专属权益和优惠激励用户进行消费和交互。它们可以帮助企业更好地了解用户需求、推动销售、增加变现能力，并建立长期稳定的用户关系。

这三类卡对于大中型企业来讲，可以让用户的复购率提升，延长用户在平台消费的周期。但是对于一些小微型企业来讲，在短时期内看不到一个起伏较大的增长曲线。对于小微型企业来讲，比如连锁超市、连锁汽修配件厂、连锁美容院等，建立会员体制的前提是一定要让利给客户，让客户得到实实在在的好处，企业赚取会员卡的利润。

对于一般的小微型企业来说，为了快速吸引私域流量，成为会员的门槛很低，只要消费购买商品或者扫码就可以成为会员，然后企业通过运营社群来卖货实现赢利增长。但是用户总有购物疲倦期，总是会对新鲜的商家、新鲜的商品产生好奇，社群就出现了用户购买力逐渐衰退的情况。

所以这类企业应该这样设计会员体系：

第一，要交费成为会员，如交 199 元成为金卡会员。

第二，要让会员享受对应的权益和优惠，如购物可以享受八五折，这也变相地鼓励了用户多次购物。

第三，让成为会员的用户觉得自己这次成为会员基本等于免费，这一条也是吸引会员的重点，如给用户价值 199 元的实物。得到与会员费同等价值的实物，会让用户觉得只是购物顺便成了会员。

第四，鼓励用户推荐身边五位朋友一起来成为会员，那么这位用户的会员费用就可以退回，这是推 *N* 返本的模式。

第五，用户推荐了五位朋友后，他的会员卡再给加第六位客户消费金额的 20% 的积分，积分企业可以设计为兑换礼品或者红包抵现。

这样设计会员体系的核心是不通过产品本身赚钱，而是通过会员卡的模式来赢得利润，吸引的会员越多，利润就越多。

这种会员卡的设计有两个前提：第一是门店的客流量要较为密集，能达到千人以上。第二是从用户角度去设计，让用户真正得到实惠，这样用户与企业才能实现共赢。

## 2. 把合伙人身份作为产品变现

### （1）创业合伙人

创业合伙人是指与企业共同投资和运营业务的合作伙伴，积极参与企业的销售和推广，并为企业总业绩做贡献，有一定的分成和权益。例如，电商平台合伙人，通过推广和销售平台上的产品赚取佣金或提成，并享有特定的培训、支持和资源。

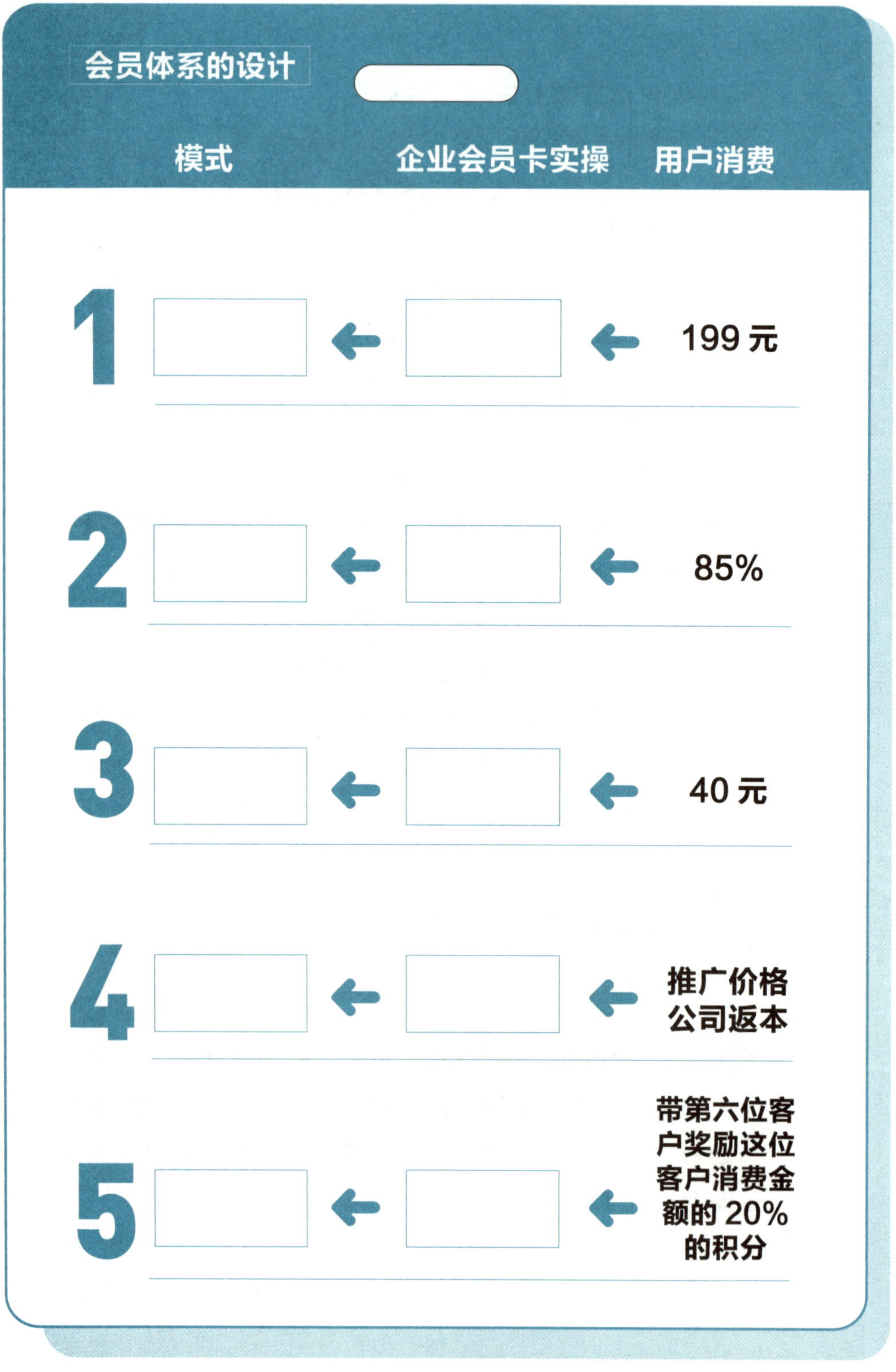
会员体系的设计
模式
企业会员卡实操
用户消费
1
199 元
2
85%
3
40 元
4
推广价格
公司返本
5
带第六位客户奖励这位客户消费金额的 20% 的积分

## 冲哥说：

**所谓变现，就是将看不见的流量变成看得见的财富，将企业或合伙人手中的资源变为现金流。**

### （2）城市合伙人

城市合伙人是指在城市或地区内与企业合作开展业务的合作伙伴，推动企业在特定地理区域内的发展，包括市场拓展、销售推广、渠道建设等。城市合伙人通常具备对当地市场的了解，掌握一定资源，并与企业共同分享业绩。城市合伙人掌握少部分资源，有部分的变现能力。例如，餐饮连锁品牌的城市合伙人，负责在特定城市开设分店，管理运营和推广，分享品牌的收益，并对当地市场做出决策；出行平台的城市合伙人，负责在特定城市招募和管理司机合作伙伴，并协助平台运营，共同分享订单收入。

学员实操案例

## 理发店免费理发半年收入过千万，接连开设 18 家连锁店

杨总自己出来创业，一口气开了 5 家造型店，门店发展遇到了瓶颈，如何引流、如何扩张都成了大难题。学习了王冲老师的课程以后，经过老师的指点和辅导，运用一个策略，在短短半年内，杨总的事业就发生了翻天覆地的变化。

**招数一 降价策略**

步骤 1 充值 99 元会员；

步骤 2 全年免费剪头发；

步骤 3 全年免费洗头发；

步骤 4 全年免费烫头发；

步骤 5 赠送 52 张火锅店消费券，每张 50 元；

步骤 6 一年后返还 99 元。

**招数二 会员**

步骤 1 男士充卡 4980 元；

步骤 2 女士充卡 9800 元；

步骤 3 全年美发项目全部免费。

**招数三 产业链延伸**

步骤 1 美发店 2 楼开设美容部；

步骤 2 外部投资大健康产业。

**招数四 会员裂变**

步骤 1 美容项目充卡 12800 元成为会员；

步骤 2 送 10 个体验项目；

步骤 3 送 10 张价值 3000 元的玻尿酸单次体验卡；

步骤 4 推荐朋友办卡，返现 1500 元。

**招数五 “空手套白狼”**

步骤 1 整合周边同业；

步骤 2 100 万元 转让费提升至 200 万元；

步骤 3 分期付款，先付 20 万元；

步骤 4 剩下 180 万元分 6 个月付，每月 30 万元。

杨总通过这五招，一个月开卡 1500 张，收款过千万，在一年的时间内连开 18 家店，并且还获得了外部战略投资 1.8 亿元，实现了门店裂变。

**（3）战略合伙人**

战略合伙人是指与企业在特定领域或项目上进行战略合作的合作伙伴，通常具备专业知识、技术能力或资源，在特定领域中具有竞争优势。他们与企业合作，共同制订并实施战略计划，以实现双方的共同目标。战略合伙人的合作往往能够帮助企业扩大市场份额、增加创新能力或提升竞争力。例如，科技公司的战略合作伙伴，联合进行研发、创新和销售，通过共同合作应对市场竞争，实现业务增长和市场份额提升。

建立合伙人体系的核心，是让资源和合伙人裂变。通过下面表格，我们再来进一步认识合伙人的核心作用。

| 级别 | 投资额 / 元 | 权益 1：消费额 | 权益 2：推广收益 | 权益 3：业绩累计 | 权益 *N* |
|---|---|---|---|---|---|
| 战略合伙人 | 100 万 | 享 300 万消费额度 | 成交 1 单返 25% 佣金 | 总业绩 2.5% 分成 | …… |
| 城市合伙人 | 30 万 | 享 60 万消费额度 | 成交 1 单返 20% 佣金 | 总业绩 2% 分成 | …… |
| 创业合伙人 | 10 万 | 享 15 万消费额度 | 成交 1 单返 10% 佣金 | 总业绩 1% 分成 | …… |

备注：

A. 消费额度可以购买产品、批发产品、招募合伙人等；合伙人级别越高，收益越多。

B. 推广返佣金设计，主要通过佣金返还的方式吸引合伙人。

### 3. 打造消费商体系

无论是会员还是合伙人，从产品销售的角度，最有忠诚度的是消费商，如何让消费者通过模式赚到钱，才是企业裂变增长的开始。打造消费商的核心是将消费者变为消费商或者会员商，通过赋予消费者会员卡权益或兑换券的形式，让消费者去推广和裂变，并使消费者自身产生收益，就完成了消费者向消费商或会员商链路的打通。

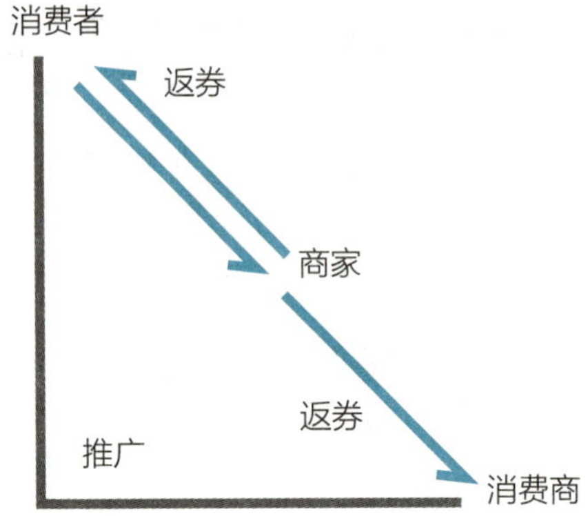


消费商裂变的核心是返利和分销。一是消费者做了推广动作并达成交易之后，要有一套好的机制及时奖励消费者，让消费者成为消费商；二是足够有爆品力的产品或者优惠可以让消费商去转发分享。

## 冲哥说：

**从卖货到吸引人：第一卖会员；第二卖合伙人；第三卖消费商。**

笔者以一个门店来举例剖析一下消费商裂变的威力。门店为了回馈老客户，设计了充值返利的模式：

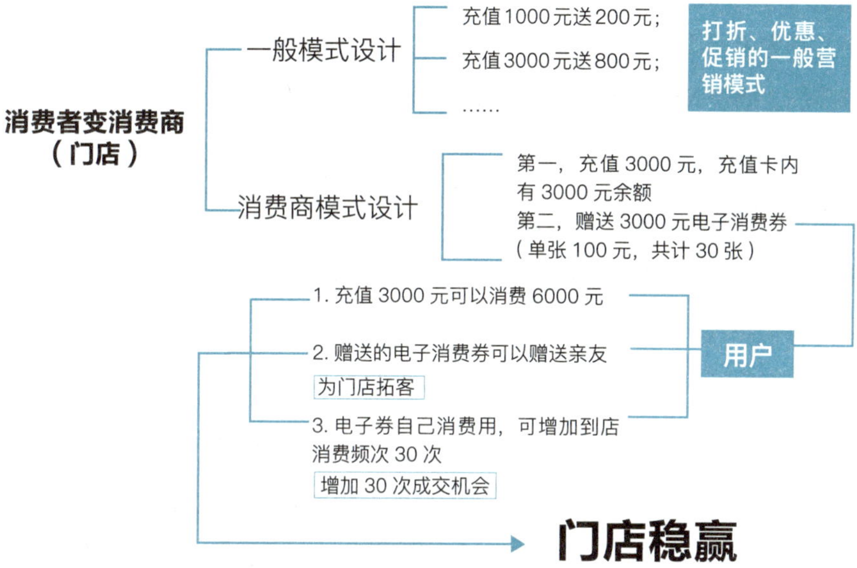


消费者完成向消费商身份的转变后，其属性就发生了变化，一是成为门店与新消费者之间的纽带——主要有两方面的重要作用：推广、自动裂变；二是像大众股东一般，享受门店带来的利益分成。

# 冲哥说：

**企业做不大的原因：一是你的产品不好卖，二是卖你的产品赚不到钱。**

**（1）推广**

商家设计一套良好的奖励机制，消费者在奖励与鼓励的共同作用下，会选择自动成为商家的推广员。例如，探店主播或本地旅行主播，实际上是商家和平台共同为主播设立了一套机制，主播在内容创作的同时还有收益，所以越来越多的主播投入到探店的行业大军中。

**（2）自动裂变**

自动裂变的核心在于赠品。商家在设计赠品时一定要考虑高频次消费，利于消费者传播。就如上述案例，赠送的兑换券，消费者无论是赠送给朋友、亲人还是转给他人，都完成了自动裂变的动作。

**（3）分红模式**

在招募消费商之前，一定要先设计好一套利于消费者身份转变和强资源分享裂变的机制。在这里需要注意的是，设计的层级和分成比例，层级让用户有利可图，不越雷池；在分成比例中，商家是微利，消费者是大赢利。

设计商业模式时，一定要思考如何让消费商和合伙人能够好成交，也让越来越多的人加入进来。在互联网营销中心常用到“裂变”这一让用户指数级增长的模式。

## （二）产品变现需裂变

裂变是一种指数级增长的营销模式，类似于细胞的分裂。它通过老用户的分享行为带来新用户，实现低成本、精准的获客效果。裂变的核心要素包括种子用户的选择、福利激励的设计、裂变玩法的参与设计、分享渠道的选择、分享引导的设计、落地页等。裂变营销与传统营销存在两大不同之处：强调分享和后付奖励。常见的方法有目标裂变、收益裂变和权益裂变。

# 小优惠大收入，客似云来，整合周边同业

学员实操案例

张总是一家快捷酒店的老板，随着周边的酒店越开越多，房间的空置率也越来越高。怎样才能天天满房呢？怀揣着这样的问题，张总走进了王冲老师的课程现场，通过学习和老师的辅导，运用了以下几个招数，让一个有着 270 个房间的快捷酒店破局重生。

**招数一 会员卡**

步骤 1 充值成为酒店的会员，银卡 199 元，金卡 399 元；

步骤 2 会员可以免押金入住、延迟退房；

步骤 3 享受免费早餐和免费自助洗衣，并且提供睡前牛奶。

**招数二 降价引流**

步骤 1 银卡会员住店享受 6 折优惠，金卡会员住店享受 3 折优惠；

步骤 2 当地酒店的平均价格为 298 元，金卡会员享受折扣后的价格是 89 元，银卡会员享受折扣后的价格是 179 元；

步骤 3 酒店人流爆满，大多数时间都是满房状态，270 多个房间，每个月营业额都能达到七八十万。

**招数三 收入链延伸**

步骤 1 在酒店大堂放置自动贩卖机，可以自助购买饮品、零食；

步骤 2 房间里放有周边商户的二维码，扫码关注可以领取优惠券，凭优惠券消费可以享受相应的折扣；

步骤 3 只要有客户扫码并消费，系统内酒店会得到相应的返利。

**招数四 系统赢利**

步骤 1 整合周边同业；

步骤 2 成立连锁酒店。

张总回到企业进行落地，推出会员政策，把这一招引流策略用得淋漓尽致。很快，张总的酒店房间就从原来空置率 50% 变成现在的天天爆满。

## 1. 目标裂变

目标裂变是单个消费商或合伙人的裂变目标，笔者认为利益最大化的数字是裂变 3 人，在这里也可以叫作“推三返本”策略。

**推三返本的应用**

一是推一提成0，推二提成 0，推三提成 100%

二是推一提成 10%，推二提成 20%，推三提成 70%

**每一种策略都可以带来 2 倍的客户，并让消费商或合伙人更有积极性。**

学员
实操
案例

# 月子中心如何一周内起死回生

李总经营着一家月子中心，生意越来越不好做，不仅投资的几百万打了水漂，而且还面临着资金链断裂的风险。兜兜转转来到了王冲老师的课堂，经过学习和探讨，李总回去后做了一场活动，没想到这家马上就要关门的月子中心，一周的活动时间收款 170 万元，这是如何做到的呢？

**招数一 引流**

步骤 1 充值 199 元体验卡；
步骤 2 购买套餐服务赠送价值 3980 元的孕妇分娩待产包；
步骤 3 在朋友圈连续转发并保存三天，可以免费获得两箱特仑苏牛奶。

**招数二 产品赢利**

步骤 1 充值 28888 元享受基础套餐服务；
步骤 2 充值 68888 元享受舒适套餐服务；
步骤 3 充值 128888 元享受豪华套餐服务；
步骤 4 购买体验卡的客户办理月子套餐时可以 10 倍抵现。

**招数三 产业链延伸**

步骤 1 开设宝妈学堂，为孕期妈妈提供专业知识培训；
步骤 2 开设婴儿游泳课，促进宝宝生长发育；
步骤 3 开设美容美体馆，为产妇提供产后塑身等服务；
步骤 4 开设母婴用品直购渠道，为新生儿家庭提供最有保障的产品；
步骤 5 提供月嫂住家服务，向客户收取居间费，并且提供孕产期其他配套服务，实现赢利；
步骤 6 与早教中心合作，让宝宝全方位健康成长；
步骤 7 特许加盟，收取加盟费、管理费及其他配套服务费。

李总的月子中心经过调整，从引流、体验、收获人气到消费形成了完整闭环，并且进行分级推广，提供专业定制化的服务，在套餐推出的一周时间里，就收到 170 多万元的现金。

## 2. 收益裂变

收益裂变是一种将销售利润按照一定比例分配给销售商的方式。推广越多，收益越多，形式越新颖。

## 3. 权益裂变

权益裂变是一种通过销售商持有公司股权或分享企业发展的权益来激励销售商的模式。销售商在推广产品或服务的同时，也成为企业的合作伙伴，分享企业成长所带来的回报。这种模式可以使销售商更加投入并与企业保持长期合作关系，因为他们与企业存在共同成长的利益。

比如，老板 A 成为某公司的创业合伙人需要出资 5 万元作为创业基金，老板 A 推荐 10 位老板也成为该公司的创业合伙人，那么老板 A 就升级为该公司的城市合伙人，并得到公司奖励的全款特斯拉电动能源汽车一辆，并且享有城市合伙人一切的权益，如分红、折扣等。

## （三）系统性变现解决方案

在系统性变现解决方案中，首先要将客户进行精细化的拆分，再瞄准本行业的下沉市场，用红海市场的商业模式在下沉市场再应用，会让企业在现金流及利润上有再上升的空间。

### 1. 用户细分

**冲哥说：**

**一个企业为什么发展受限？就是因为你的变现能力在下降，你既吸引不了流量，又不能获客变现。**

用户细分是将市场上的潜在消费者划分为不同的群体，根据其特征和需求进行分类。通过了解不同细分群体的特点，企业可以有针对性地制定营销策略，满足不同群体的需求并提供个性化的产品或服务。

针对不同用户分类，可以采取不同的营销策略和定位。以下是三种常见的模式。

**（1）高举高打**

这种模式适用于面向高端用户的产品或服务。企业在产品品质、独特性、个性化定制等方面提供卓越的价值，并以高价售出。在市场宣传和推广方面，注重精准定位、差异化竞争和高端渠道合作。通过塑造品牌形象、提供独特的购物体验和专属权益，

**轻奢品牌：**
**定位高端，服务高端，尊享高端**

某女性高端品牌以奢华、高品质和独特性著称，定位在高端用户市场。他们注重产品的设计与品质，提供精致的时尚服装、配饰、香水等产品。通过精心打造的品牌形象和独特的购物体验，吸引了一批忠诚的高端消费者。在市场宣传和推广方面也采取了精准定位和差异化竞争策略。他们通过高级杂志、时尚秀场、明星代言人等方式展示产品，塑造了高雅、奢华的品牌形象。同时，该类品牌选择在高端商场、奢侈购物街区等地开设专卖店，并提供专属顾问和个性化服务，营造了独特的购物体验。此外，他们还为高端用户提供一系列的专属权益，如私人订制、会员活动、限量版产品等。这些特殊待遇和特权进一步增加了消费者的忠诚度，并加强了品牌与高端用户之间的连接。

吸引高端用户，并为他们提供与众不同的价值。

**（2）高举低打**

这种模式适用于希望拓展大众用户市场份额的产品或服务。企业将重点放在价格竞争力、经济实惠、功能性和普及性上。通过降低成本、提高效率和规模效应，实现产品的大规模生产和低价销售。在市场宣传和推广方面，注重广告、促销和渠道覆盖，以吸引大量消费者，并提供物超所值的产品或服务。

## 年轻用户喜爱的品牌：高品质低价格

现代家居品牌提供了设计独特、高品质的家居产品，但以相对较低的价格销售，吸引了广大年轻消费者。他们让消费者自己选择、收集和运输产品。这样一来，品牌可以节省人力和物流成本，并将这些成本优惠反映到产品价格中。此外，这类品牌还提供了简单易懂的组装说明书，让消费者能够自行组装家具，进一步降低了成本，并通过其他方式创造利润。例如，他们拥有自有品牌，可以控制产品质量和定价策略。他们营造年轻氛围感的场景，吸引顾客拍照打卡。同时，他们也注重市场营销和推广活动，通过打折促销、新品发布等方式吸引消费者。

**（3）低举低打**

这种模式适用于面向小众用户或有限市场需求的产品或服务。大众化低单价商业模式创新是一种商业策略，意味着企业通过降低产品或服务的价格，以吸引更多的大众消费者，但同时通过其他商业模式来获取利润和增加收入。这种商业模式的核心在于通过规模效应、成本控制、供应链优化等手段，实现产品的大规模生产和销售，从而降低单位产品成本。通过低价销售，企业可以吸引更多的消费者，扩大市场份额，并提高销量。

# 冲哥说：

**不是所有的产品都赚钱；不要赚所有人的钱；不要一开始就赚钱。**

名创优品：
品类极简——基础款，尽可能扩大用户基数

名创优品选品全部是小件，不会涉及大件物品，最大体积的产品也只是桌面灯具、收纳筐、折叠伞等产品，体积明显偏小。产品体积小有利于货架摆放、降低购买决策需求，提升转化率。小件的产品可以摆在货架上，而无印良品的大件商品需要更多的摆放面积，这会造成门店面积较大。

小件的商品需要的购买决策更弱，大件的家用商品，需要消费者承担更多的决策时间和决策风险，因此，小件商品的转化率更高。

- **品类极简，覆盖更广的人群，尽可能扩大用户基数**

名创优品的大类目选择体现了基础款的特性，例如做零食而不做泡面类主食、做小件内裤袜子配饰而不做上衣裤子、做清洁基础工具而不做护理类产品，名创优品在大类目下的取舍也体现了尽可能减少消费决策的原则。

名创优品的品类选择在类目内做到了极简，天然降低下沉市场遇到的障碍。以纸巾为例，名创优品只会提供简单的几类基本款。

以收纳为例，名创优品的收纳筐 SKU 明显非常少，没有用过多的品类去铺满消费者的选项。

品类的简繁与否决定了公司未来的拓展空间。向下沉市场拓展需要做价格、品类的减法，而向高线高价格带拓展需要做价格、产品的加法，减法要比加法更困难。

从定位上看，做减法需要在品类价格和品牌定位之间做权衡取舍，而做加法需要的是增加高客单价产品，并且进行一定的品牌升级。

从组织架构上看，在做减法的过程中，公司内部的利益分配也需要一定的管理能力去均衡，而做加法过程中，新蛋糕有利于大部分群体，受到的阻力会较小。

- **品类位于低壁垒低集中度赛道，尽可能降低切入成本**

以自有品牌切入生活家居零售，避开具备一定壁垒和品牌的赛道。名创优品的产品主要都是自有品牌，以自身“名创”优品的品牌为产品赋能，具体对比体现在以下几个方面：

名创优品选择的品类具有非常明显的低壁垒低集中度特征。从名创优品的单品列表可以看出，名创优品的每一个单品或类目几乎都无法找到代表性的上市公司，搜索可以发现，名创优品的单品所处集中度一般极低，由于缺乏对应类目的上市公司，鲜有咨询机构针对性进行统计。

名创选的大部分产品由于品类特性，单品本身很难通过差异化的产品力或者品牌力构建壁垒。名创优品选的产品品类由于产品自身的特性，在产品本身很难构建起产品力差异，历史上也基本不存在较强品牌，基本不需要直接和大品牌进行竞争。

名创优品规模化的门店带来采购低成本优势。目前名创优品成功进入全球超 105 个国家和地区，在全球范围内拥有超 5400 家门店，在规模化的终端分销渠道支持下，名创优品会具有更低采购成本的优势。

从历史上来看，“低价”曾经是名创优品最重要的一个标签，目前也是名创优品的一大特色。名创优品的产品密集集中在 50 元以下价位段，定位非常大众化。创业初期，名创优品以“十元店”的标签起家快速扩张，如今部分产品已经进行了价格上探，但是仍然在一个绝对的价格低位。

学员实操案例

# 从卖产品到卖项目，转变思维赚大钱

齐总经营着一家农庄，种植了小米、绿豆、樱桃树、苹果树等作物。蔬菜、水果、农作物长势良好，收成也好，销路却遇到了难题。齐总很是焦心，这可如何是好。直到一位朋友介绍他认识了王冲老师，通过跟随老师学习，运用以下几招，齐总的经营模式发生了转变。

**招数一 从做产品到做项目**

步骤 1 投资 3 万元；
步骤 2 认领一亩樱桃园土地；
步骤 3 每年产出可自用可售卖，如果售卖，每年再返 1.8 万元；
步骤 4 使用期限 7 年；
步骤 5 7 年后退回 3 万元成本；
步骤 6 由当地银行进行资金托管。

**招数二 会员**

步骤 1 交 3888 元成为会员；
步骤 2 每月送一箱土鸡蛋；
步骤 3 每月送一 只土鸡；
步骤 4 每周送一份当季蔬菜包。

**招数三 客户切割**

步骤 1 推出产品兑换卡，8888 元一张；
步骤 2 将兑换卡作为礼品卡销售；
步骤 3 客户可以将兑换卡送给亲朋好友、合作伙伴；
步骤 4 每月都可以收到土鸡、土鸭、鸡蛋、咸鸭蛋、有机蔬菜、有机小米、杂粮、水果等礼包。

通过学习，齐总转变思维，从卖产品变成卖项目，设计会员方案，招收了 2700 个会员，卖出 6000 多张兑换卡，轻轻松松将农产品出售，并且不再为销路问题所困。

# 冲哥说：

**没有卖不出去的产品，只有卖不出去的空间。**

## 2. 切割空间

切割空间是指将商业地域或空间分割开来，然后利用在发达地区或先发展的地区获得的经验和模式，在下沉市场或后发展的地区再次应用。

这种策略可以帮助企业拓展新的市场，并复制出成功的商业模式。通过将已经验证有效的商业模式应用到新的地理区域或时间段中，企业可以在不同环境下实现收益增长，获得成功。

这种方法有助于企业充分利用其在发达地区所积累的经验、品牌知名度、市场份额以及运营模式等优势，并将其转化为在下沉市场或较新的地区取得类似成功的机会。

总之，切割空间是一种商业战略，旨在将发达地区的商业模式和经验应用到新的市场或较新的地区，以促进企业的进一步发展。

**（1）从国内到国外**

当一些商业模式或产品在国内发展已经遇到瓶颈，在“一带一路”倡议的鼓励下，企业老板可以把眼光放到其他国家和地区，寻找新的增长机会。

## 华为：科技点亮非洲数字未来

在当下全球经济发展面临诸多“不确定性”的背景下，科技和创新为我们提供了“确定性”的力量。

**• 持续深化连接**

非洲正在从 2G、3G 加速向 4G 和 5G 的网络演进，但是依然面临连接渗透率低，ICT 基础设施薄弱等挑战，亟须深化连接的“最后一公里”。

华为的超大规模天线阵列、动态功率共享、光纤预连接和光虹膜等技术突破，可有效应对非洲频谱资源分散、光纤部署困难等障碍。华为将通过 4G/5G 协同、固移协同等战略，和非洲运营商一起，不断突破连接瓶颈，提升连接的包容性。

**• 释放非洲数字生产力**

非洲的贸易约九成依赖海运，港口在非洲经济社会发展中发挥着极为重要的作用。华为与天津港联合打造的全球首个基于 5G+AI 的智能水平运输解决方案，实现了港口 L4 级自动驾驶，码头 IGV 可以满负荷高效协同作业超 12 个月，实现水平运输无人驾驶安全、高效、规模化运营。这样的创新方案，在非洲也有广阔的应用前景。基于华为 5G 超级上行 + AI 的智慧矿业场景化解决方案，可以让工人可以“穿着西装，打着领带”，安全高效地完成工作。

学员实操案例

# 足疗店半年裂变 10 家店，收款 7000 万元

王总经营着一家足疗店，和大多数的实体店一样，王总遇到了客流少、竞争压力大、员工工作不积极、服务跟不上等问题。那该如何改变现状，实现赢利，并且让门店裂变呢？带着这个疑惑，王总走进了王冲老师的课堂，经过了一年多的学习，王总做了如下调整。

**招数一 引流卡**

步骤 1 花费 99 元成为会员；
步骤 2 享受 198 元肩颈按摩两次；
步骤 3 推荐三人返本；
步骤 4 如果成为充值会员，99 元可以双倍抵扣现金。

**招数二 产业链延伸**

步骤 1 老板承包农庄；
步骤 2 在店里为高端会员推荐有机杂粮、土鸡、土鸭、土鸡蛋；
步骤 3 建立线上商城，为会员提供新鲜无公害纯绿色有机农产品。

**招数三 分享裂变提成**

步骤 1 员工交 5 万元到公司；
步骤 2 每成交一个引流卡，充卡费用全部给员工；
步骤 3 成交 10 个后端充值卡，提成 10%；
步骤 4 一年期到之后，5 万元退还给员工；
步骤 5 如果不继续交费给公司，则不再享受引流分成。

**招数四 举荐制**

步骤 1 推荐朋友到门店上班；
步骤 2 推荐一位技师，其月收入的 1% 作为推荐奖励；
步骤 3 推荐一位总监，其月收入的 3% 作为推荐奖励；
步骤 4 如果推荐的人在这里干满一年，公司还会给予 1000 元的人才挖掘奖。

**招数五 前端让利，后端追销**

步骤 1 整合周边同业；
步骤 2 100 万转让费提升至 200 万；
步骤 3 分期付款，先付 20 万；
步骤 4 剩下 180 万分 6 个月付，每月 30 万。

利用引流卡吸引顾客进店，双倍抵扣吸引客户做后端充值，通过举荐制解决人才流失、团队危机，在半年的时间里裂变 10 家店，收款 7000 万元。

**（2）从一线市场到下沉市场**

商业的发展存在一定的时间差和地域差异，在一线市场容易构建创新可变现的商业模式，但是随之而来的是更为强大的竞争对手。在一线市场发展遇到瓶颈的企业，可以将目光瞄向下沉市场，再寻找创新机会。蜜雪冰城为什么会有几百亿的市值？为什么凭借卖几块钱的产品能够做到上市？因为蜜雪冰城掌握了企业的核心和命脉：渠道和用户。蜜雪冰城在全国开了成千上万家店，掌握了渠道，用降价引流的方式吸引了大部分的用户。再通过门店做大营业额，通过规模效应摊低成本，最终在资本市场获利。

## 二、团队变现

### （一）建立变现团队的标准

#### 1. 以结果为导向

①结果导向。团队成员应当注重实际业绩和达成目标，以产出可量化的结果为导向。

②数据驱动。团队成员应当基于数据和分析来做出决策，并持续追踪和优化业绩指标。

③效率和质量。团队成员应注重高效率和高质量的工作，确保交付符合预期且具有商业价值的解决方案。

#### 2. 以一线市场为导向

①深入了解市场需求。团队成员需要对一线市场的发展趋势、竞争环境和用户需求有深入的了解，以便开发创新的变现策略。

②用户至上。团队成员应该时刻关注用户需求，提供有针对性的产品或服务，满足用户的期望，并持续改进以提供更好的用户体验。

③具有敏捷的适应性。团队应该具备适应快速变化的市场环境的能力，及时调整策略和行动计划，以满足一线市场的需求。

**冲哥说：**

**3+3+3 短视频 IP 法则：3 个创业故事；3 个分钱故事；3 个产品和服务故事。**

## （二）团队变现的工具

### 1. 短视频

**（1）短视频三大命脉：音乐、情绪和评价**

①音乐：音乐是短视频的重要元素，可以为视频增添节奏感、情感表达能力和视听体验。选择合适的音乐能够提升观众的观看体验，并增加视频的吸引力和传播性。

②情绪：情绪是短视频中的关键要素之一。通过情绪的表达，视频能够引发观众的情感共振，使其更容易与视频内容产生共鸣，从而增加观看时长和转发量。

③评价：观众对短视频的评价和反馈对于内容创作者和平台运营方都至关重要。积极的评价和喜爱会增加视频的曝光度和分享量，而负面的评价则可能对视频产生负面影响。

**（2）短视频的三大类型：娱乐、情感和知识分享**

①娱乐：娱乐型短视频以轻松、幽默或有趣的内容为主，旨在带给观众欢乐和放松的体验。这类短视频通常搭配音乐、舞蹈等内容，能够吸引观众的注意力并提高观众的分享兴趣。

②情感：情感型短视频强调情感表达和共鸣，涉及生活经历、情感故事、感人时刻等。这些视频通过情感内容的真实性和深度，打动观众的心灵，并引起他们的情感共鸣。

③知识分享：知识分享型短视频注重传递知识、技能或经验，目的是为观众提供有价值的信息和学习资源。这类视频通常包括教程、科普知识、技巧展示等，能够满足观众的求知欲和学习需求。

以上类型并不是完全独立的，可以存在交叉和重叠。许多短视频会同时融合多种元素，以吸引更广泛的观众群体，增加观看时长。根据不同的受众需求和平台特点，创作者可以选择适合自己风格和目标受众的短视频类型来制作内容。

**（3）矩阵短视频账号**

做好短视频的三个步骤。

①第一步 贴标签

就是确定你是谁，平台会基于标签做分发，明确了你的标签是什么，平台才会将短视频给推荐相关的人群，这一步占到成功率的 50%。

②第二步 与标签匹配的内容

你制作的内容要与标签相匹配，如你是一位中医，内容就要与中医药相关，讲养生、讲食疗、讲推拿等都具有相关性。

③第三步 打法

第一种：大 IP。大 IP 具有权威性，自带流量，比如中央电视台等。

第二种：矩阵。同一个 IP 在不同的账号，账号数量可以是几百个，也可能是上千个。以不同的短视频形式进行分发。例如王冲老师的视频矩阵，做到了 1000 个账号，每个账号平均每天的播放量是 2000，每天就有 1000 乘以 2000 等于 200 万次的播放量！由此可见，矩阵视频好的力量非常可观！

第三种：家族。师徒制的短视频账号，师傅开直播可以请徒弟进直播间连麦，然后把师傅直播间的粉丝引导到徒弟直播间。

第四种：全民营销。全民营销对团队人数有一个 1000 人的基础要求，按照矩阵的方式去做一遍全民营销，只要 10 天的时间，可能就会突破百万的粉丝量。

## 2. 直播

**（1）直播三大命脉：内容、互动和主持人**

①内容：直播的内容是吸引观众的关键因素。内容可以包括各种主题，如娱乐、体育、教育、音乐、时事等。直播内容的质量和吸引力将决定观众是否愿意收看直播，因此创造有趣、有价值的内容非常重要。

②互动：互动是直播的核心特点之一，能够与观众进行实时的交流。观众希望通过弹幕、评论、送礼物等方式参与到直播中，与主播或其他观众互动，分享自己的想法和体验。提供良好的互动体验能够增加观众黏性和参与度。

③主持人：主持人在直播中扮演着重要角色。他们负责引导和推动直播内容，与观众保持互动，控制节奏和流程，并提供专业的解说或解读。一个优秀的主持人能够增加直播的吸引力和观众的品牌认同感。

**（2）直播的三大类型：娱乐、教育和电商**

①娱乐直播：娱乐直播通常以娱乐为主题，内容包括演唱会、脱口秀、搞笑表演、游戏直播等。这种类型的直播注重娱乐性，旨在给观众带来欢乐和娱乐体验。

②教育直播：教育直播主要以知识传授和学习为目的，内容包括在线课程、技能培训、学术讲座等。这种类型的直播着重于提供有益的教育资源，满足观众的学习需求。

③电商直播：电商直播结合了购物和直播的元素，通过直播形式展示产品、介绍特点，并鼓励观众在线购买。这种类型的直播具有促销和商品推广的功能，能够达到品牌宣传和销售的目的。

直播间更像是个会客厅，像朋友一样在传递情怀，或是一个奢侈品专柜，严选最好的产品。用独具个人魅力的价值输出打动消费用户，建立个人的品牌定位，在定位联想范围内选择产品。总之，和消费者在一起，走进受众群体的心里，给关注你的人不断带来更好的生活体验，是所有主播努力的方向。

# 冲哥说：

## 老板奖励的重点就是员工行为的焦点。

### 3. 机制

团队机制中的PK（竞争）、风险共担、高额奖励等机制是激励手段，可以在团队中引入竞争和奖惩机制，以激发团队成员的动力和斗志。

**（1）PK机制（竞争机制）**

PK机制是通过设置团队成员的竞争，以促进工作质量和效率的提升。在PK机制中，团队中的成员会被划分为不同的小组，彼此之间进行比较和评选。通常会根据一定的绩效指标和评估标准来衡量成员们的表现，例如销售额、客户满意度、完成任务的数量等。公开的比较和排名，可以激发团队成员之间的竞争意识，让他们全力以赴，从而提高整个团队的绩效。

**（2）风险共担机制**

风险共担机制是指团队内部成员之间达成某种协议或约定，设定相应的奖励或惩罚机制来实现特定的目标。这种机制通常包括团队成员个人或小组之间的承诺，如果达到了既定的目标，则可以获得奖励；如果未能达到，则需要承担相应的惩罚。这种机制可以促使团队成员更加努力地工作，增强责任感

学员实操案例

# 店长变老板，营业额增长 3 倍

李总来自湖南武冈，是当地非物质文化遗产卤菜的传承人，在武冈机场开了一家餐馆，这座机场只有两家餐馆，李总感觉生意一定会非常好。但是实际情况是生意不温不火，他觉得是店长没有用心去经营。上了王冲老师的课程之后，他认识到没有给店长设计一个有高奖励的薪酬机制。

原来店长薪酬机制：

①每个月 4000 元，包吃包住。（当地的平均薪资是 2000 元包吃包住。）

②门店总营业额的 1% 作为店长的提成。

在这样的薪酬机制下，李总餐馆每天营业额不超过 6000 元。原因是店长只做中餐和晚餐的生意，早餐因为起太早而选择不做（早班航班是六点左右，如果做早餐生意要四点多到店），店面经营也没有投入太多心思。

王冲老师问了李总一个问题：如果让你每天五点起床锻炼 1 小时，连续 3 个月不间断，做到了就给你 1 个亿，你做还是不做？得到的回答是沉默。但是，李总明白了一个道理：无利不起早。

店长的薪酬改制后：

**机制一 让店长做“老板”，不需要资金投入。**

**机制二 薪资每个月 4000 元包吃包住。**

**机制三 每天营业额超过 6000 元的部分奖励店长 30%。**

薪酬改制后的效果：

店长早上四点半起床，做起了早餐生意。15 天后，营业额当天突破 1 万元；22 天后，营业额当天突破 2 万元。22 天后，帮店长算了他一天的收入：（20000-6000）×30% =4200 元。在薪酬机制改制后，店长一天得到的提成要超过他过去 1 个月的工资！

老板的营业额增长了 3 倍，李总再开 10 家连锁，业绩就是 30 倍增长！高额奖励下才会有高的业绩增长！

和动力，以兑现他们的承诺并避免不利后果。

**（3）高额奖励机制**

高额奖励机制是通过设定丰厚的奖励来鼓励团队成员在工作中取得杰出的成绩。这种奖励通常与团队的目标和绩效密切相关，并要求达到相应的标准才能获得。高额奖励机制可以激发员工的积极性和投入度，同时也为他们提供了追求更高工作成果和回报的动力。

移动互联网流量即将触顶，当下的市场已经从增量市场转战至存量市场，流量为王的时代演变为“留量”为王。找到高效的流量变现模式才是今天企业生存的根本，对创业者来讲，流量变现也是关乎创业是否成功的关键。本书中介绍的变现方式仅为冰山一角，随着商业模式不断演变与创新，变现模式也会出现新的迭代与发展。最核心的就是为用户创造价值、商业模式的设计、信息时间差的利用以及团队的搭建。

## 冲哥说：

**团队变现五大命脉：**

**一、重用有业绩的人，淘汰没有业绩的人。**

**二、让有业绩的人在一线战场发挥价值，不让有业绩的人坐管理岗，要培养大量优秀有业绩的员工。**

**三、换人不迟疑，用人不犹豫。**

**四、对人才付出不计代价。**

**五、时刻储备人才，不要临时找人才。**

# 赢在模式

复制不了赢利模式，只是复制门店是没有意义的。

——王冲

商业模式犹如九曲回肠的江河，将皑皑雪峰之巅创造的生命之源的价值传递给山川茂林、平原沙丘，重归大海，再周而复始，在此过程中滋养了万物。就如商业模式中关键的三个部分：创造价值、传递价值、获取价值。

打车平台几乎没有一辆出租车，却能成为市场最大的出租车公司；
订酒店平台几乎没开一间酒店，却能成为市场最大的酒店出租方，甚至比任何一家酒店连锁集团的规模还要大；
电商平台几乎没生产一件商品，却能成为市场上最大的商品交易超级店铺……
它们没有产品却有百亿规模的市场价值，这就是商业模式的力量。
关于商业模式的定义层出不穷，基于今天"互联网 +AI+ 大数据"的时代背景，商业模式基本上有六种，即互联网模式（免费）、直销模式（裂变）、连锁模式（复制）、资本模式（放大）、金融模式（杠杆）、产业链模式（垄断）。

# 一、六大商业模式

企业要想获得成功，就必须从制定成功的商业模式开始，成熟的企业是这样，新的企业是这样，发展期的企业更是如此。商业模式是企业竞争制胜的关键，是商业的本质！

管理学大师彼得·德鲁克也曾说过：当今企业间的竞争，不是产品之间的竞争，而是商业模式之间的竞争。

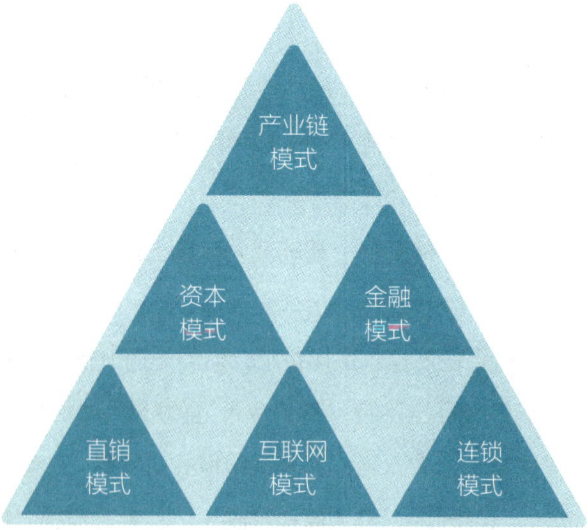

## （一）互联网模式

# 冲哥说：

**互联网的发展目前来看会经历三个时代，web 1.0 时代是以百度等搜索引擎为代表的第一代互联网时代，即信息互联网时代；web 2.0 时代是移动互联网时代，与网络技术和信息的急速更替同步，从 1G 发展到 5G，互联网的终端设备从电脑到了智能手机端；互联网即将迎来的是 web 3.0 即价值互联网时代，这是属于未来的时代，人人可以创业，人人都可以成为老板，人人都可以在互联网获取更多的资源和财富！**

**第三代互联网是以区块链为底层的价值互联网，所以今天的老板一定要打好基础，做好短视频。**

### 1. 什么是互联网模式

互联网模式就是指以互联网为媒介，整合传统商业类型，连接各种商业渠道，具有高创新、高价值、高赢利、高风险的全新商业运作和组织构架模式，包括传统的移动互联网商业模式和新型互联网商业模式。互联网模式没有一个固定的模式，只要能给顾客提供长期价值，就是好的模式。

# 冲哥说：

**互联网模式就是两个字：免费。比如大家刷抖音，如果刷一个视频让你交 0.1 元，你还刷吗？你肯定选择不刷了。就是因为全部开放，全民免费，大家才愿意刷视频。免费是做互联网模式的核心，也是企业获取流量的入口。**

## 2. 互联网模式的路径

免费—流量—融资—平台—变现，是今天互联网模式成功的路径。如果企业选择互联网模式，通往成功的路径就是这几步。首先通过免费形式获取一部分的用户，用户在体验了企业的产品和服务后，如果认可该企业，成为忠实的用户，企业可以考虑通过融资的手段，让前端的用户越聚越多。融资是大部分互联网模式公司的必经之路，如果企业不具备融资的渠道，互联网模式也很难继续下去。企业通过融资将流量沉淀到平台上，再通过平台进行变现。

互联网模式从交叉补贴、三方市场到免费加付费等模式，形成了电商平台，如美团、京东、淘宝、拼多多等；形成 O2O 平台，如滴滴等。到今天，企业再想布局互联网，一是要有足够的资金，二是需要把目光聚焦，做垂

# 小龙虾新模式净赚 3000 万元

学员实操案例

上海一家做小龙虾生意的门店，只开一家店，但是店铺年利润超过 3000 万元，每天凌晨顾客爆满，它是如何做的呢？这家店铺开店时间是晚上 7 点到凌晨 4 点，没有早餐和中餐，只经营消夜，而且不做中餐，只做小龙虾招牌菜。他们提供盱眙和潜江最新鲜、最好的小龙虾，做出口味最好吃的小龙虾。店铺最独特的经营方式：

**招数一 小龙虾价格是全市同行最低价，但是口味基本是麻辣味的。**

**招数二 除了开水免费，其他配菜和酒水价格是同行的 1.5 倍～ 2 倍，一盘凉拌菠菜 30 元，1 罐王老吉 12 元，1 瓶啤酒 15 元起。**

## 360 软件：颠覆互联网软件收费的时代

周鸿祎在搜索开发告终后，全身心投入 360 杀毒软件的开发，当时杀毒软件的竞争相当惨烈，360 为了与竞争对手形成差异化，大胆决定免费开放所有软件并开源代码。就是这一差异化的举措，颠覆了当时的互联网软件市场，海量的用户将目光投向 360 软件。尤其是 360 浏览器，因其自动拦截恶意插件等功能，装载率一度领先市场其他同类型产品。由此，360 的融资速度也如同互联网发展的速度一样，让 360 迅速壮大。前端虽然免费，但是 360 收获了亿量级的用户，通过后端广告收入和流量变现，使得 360 免费模式成功落地。

直类的互联网平台。如，只做房地产的贝壳，只做职业教育类的沃米教育，等等。

### （二）直销模式

直销是一种互联网营销方式，产品不通过传统的多个销售渠道进行分销，如商场、超市等，而是由制造商或分销商直接分销。“直销模式”是一种高效的营销方式，通过消除中间商，降低产品流通成本，满足客户利益最大化的需求。直销模式目前常见的有以下几种类型。

#### 1. 级差制模式

级差制是指设置多个级别，根据业绩一级级向上升，收入呈级差扩大的奖金制度。这种模式是以销售产品为主导，在卖货上的确很有成效。

#### 2. 太阳线模式

太阳线指消费者可以无限地直接推荐，每一个直推下级都独立存在，与其他直推下级不产生关系，每一个人都有直推人员围绕，像太阳一样。这种模式能大大减少传统分销中的流通环节，有效降低成本，很适合卖货，同时还能轻松跟踪消费者需求。

#### 3. 裂变模式

裂变的第一种方式是推 3 返本。第二种裂变方式是多推多得，例如，帮

**冲哥说：**

**直销模式的精髓在于裂变。**

商家推荐 10 人提成系数为 20%，推荐 20 人提成系数为 25%，推荐 30 人提成系数为 30%，以此类推。第三种裂变方式是身份升级式裂变，例如，推荐 10 人荣升经理，批发价为 7 折；推荐 50 人荣升总监，批发价为 5 折；推荐 100 人荣升总经理，批发价为 3 折。

### （三）连锁模式

连锁模式是一种商业组织形式和经营制度，是指经营同类商品或服务的若干个企业，以一定的形式组成一个联合体，在整体规划下进行专业化分工，并在分工基础上实施集中化管理，把独立的经营活动组合成整体的规模经营，从而实现规模效益。连锁模式包括三种形式：直营连锁、特许连锁和自由连锁。

学员实操案例

# 饮用水双层驱动，直销 + 模式

李总是一家卖饮用水的企业经营者，他一直采用招代理的方式建渠道，通过层层批发卖饮用水，但是这种方式很快就产生了弊端，一是串货严重，二是容易乱价，所以生意遇到了瓶颈。上了王冲老师的课后，他采取了这样的直销方式，避开了中间商，直接实现业绩倍增。

**招数一 会员裂变**

步骤 1 交 2 万元成为水神会员；

步骤 2 赠送 3 万元富硒水；

步骤 3 赠送 4 天 3 夜云南行；

步骤 4 推荐 2 个水神会员，退回会员费；

步骤 5 再实行分红；

步骤 6 定位做高档会员家庭高端饮用水。

**招数二 合伙人裂变**

步骤 1 全国招募 200 位合伙人；

步骤 2 每位合伙人有 60 万元～ 100 万元的投资实力；

步骤 3 每位合伙人再招募 2 万元的水神会员；

步骤 4 再沿着招数一裂变模式进行。

## 冲哥说：

**复制不了赢利模式，只是复制门店是没有意义的！没有稳定的商业模式不要走出去，更不要开连锁店！连锁的核心是复制赢利点！**

## 1. 直营连锁

直营连锁(又称正规连锁，简称 RC)，是连锁经营的基本形态。这是连锁企业总部通过独资、控股或兼并等途径开设门店、发展壮大自身实力和规模的一种连锁形式。连锁企业的所有门店在总部的直接领导下统一经营，总部对各门店实施人、财、物及商流、物流、信息流、资金流等方面的统一管理。即所有的店铺都是由同一经营实体——总公司所有，如物美超市、永辉超市等。

## 2. 特许连锁

特许连锁(又称合同连锁、契约连锁、加盟连锁)，这是总部与加盟店之间依靠契约结合起来的一种形式，即以单个店铺经营权的授权为核心的连锁经营。风靡世界的肯德基、麦当劳、7-11 都是特许连锁组织的典型代表。

## 3. 自由连锁

自由连锁是企业之间为了共同利益结合而成的事业合作体，各成员店是独立法人，具有较高的自主权，只是在部分业务范围内合作经营，以达到共享规模效益的目的。即各店铺资本所有权独立，采用共同进货、协议定价的一种商业横向联合。例如，钱大妈、正新鸡排等。

## 海澜之家：加盟商结合为利益共同体，实现低成本快速扩张

海澜之家的经营模式有两个特征，一个是可退货采购，另一个则是直营制加盟。海澜之家直营店有 805 家，加盟店 6576 家，但加盟商只出房租、装修等运营费用，不参与实际经营。

海澜之家直接经营门店，赚取利润后与加盟商分成。因此加盟商也不承担库存风险，由海澜之家承担，再经可退货采购合同转移给供应商。

这和传统的连锁服装品牌正好是反过来，比如美特斯·邦威，品牌商先从供应商处买断，再卖断给加盟商。

这个模式能运转，关键是要在内部达成两点：利益承诺和规模经济。

加盟商为什么放心把钱给品牌方去运营？一是因为海澜之家品牌大，没有库存风险的话成本很容易收回来；二是因为很多人并没有经营服装店的经验和能力，甚至不单独创业，把钱给海澜之家相当于股权投资。

供应商为什么甘愿承担滞销风险？一是因为海澜之家品牌大，二是因为海澜之家把他们联合起来与原料商议价，可以降低成本。

2020 年，公司前五名供应商采购额占总额 16.44%，供应商非常分散，和海澜之家绑定后，销路好成本低，能比单打独斗赚更多利润。

海澜之家相当于给下游做品牌，给上游做通路，自己一边融资开店，一边赊销拿货，最终得以迅速扩张，一起赚钱。

然而，无论是利益承诺还是规模经济，都需要一个稳定可预测的市场。因为供应商承担了最终的滞销风险，但每个供应商规模小，承担风险的能力弱，一旦市场需求变化很快，品牌方就没法给供应商做出利益承诺了。

灵活的市场需要更灵活的生产和原材料供给，规模经济自然瓦解；当上游不能承担最终风险，品牌商要么自己担，要么转给下游加盟商。

因此，海澜之家的模式在商务休闲男装市场上取得成功不是偶然，只有时尚敏感性低的市场才有稳定可预测的需求，这个模式才运转得起来。

反过来，模式也强化了这种稳定，供应商承担库存风险，在产品上有更多的话语权，倾向于选择受众广的经典款和大众款，和消费者隔了两环，更加跟不上市场变化。

# 奶茶店用这招连开 8 家连锁店

学员实操案例

金华的几位大学生，开了一家奶茶店，通过这样的模式连开了 8 家连锁店：

步骤 1 客户交 99 元可以成为奶茶店的奶神会员；

步骤 2 奶神会员 1 个月内免费喝奶茶，每天限量 1 杯，限定几个品种，但是新鲜的水果奶茶，需要现金购买。

虽然招数简单，但是奶茶店通过产品分类、客户群分类的方式，让生意火爆，并用这样的赢利方式在当地迅速开了 8 家连锁店。

## （四）资本模式

资本模式是指利用市场法则，通过资本本身的技巧性运作或资本的科学运动，实现价值增值、效益增长的一种经营方式。简言之就是利用资本市场，通过买卖企业和资产而赚钱的经营活动和以小变大、以无生有的诀窍和手段。资本运营分为资本扩张与资本收缩两种运营模式。例如股市和上市融资。

## （五）金融模式

金融模式泛指自上而下、顶层到底层、内部到市场、顶层股权设计到市场营销设计全链条打通商业生态圈，解决企业现金流、客户流、利润率等问题的一整套系统化设计方案。金融模式可促使企业迅速成为一家准上市企业，让企业从一开始就有取之不尽、用之不竭的现金流，最终实现市场满意、企业赢利、资本获利的多赢局面。例如银行。

## 冲哥说：

**资本模式就是两个字：放大。例如，购房全款不交给开发商，而是直接存到指定银行，开发商有 4000 套房，每套 100 万元，就是 40 亿元，开发商可以跟银行谈大额协议存款，直接成为银行的超级 VIP 客户。**

**金融模式就是两个字：杠杆。比如银行就起到杠杆放大的作用。资本和金融不能分开。**

### （六）产业链模式

产业链涵盖了上游供应链企业、中游的加工工厂、下游的用户和渠道，形成了一个标准化的完整产业链，在产业链上有 *N* 个赢利点，不是只有工厂和品牌。

# 整合上下游，模式增业绩

学员实操案例

顾老板做的是调料生意，他原来采用自产自销的方式，走大宗批发，跟超市和连锁店合作，但是营业额趋于平稳，几年没有大幅增长。他一直在寻找一个合适的模式，听了王冲老师的课，他茅塞顿开，采取产业链的模式，找到了新的赢利增长曲线。

**下游门店经销商的策略：**

步骤 1　交 5000 元可成为调料厂会员；

步骤 2　每个月返会员 426 元，由当地的信托机构返款；

步骤 3　会员当年进货额达到 20 万元～ 30 万元，赠送一辆 2.98 万元新能源电动车；

步骤 4　会员当年拿货额达到 30 万元～ 50 万元，赠送一辆 3.98 万元新能源电动车。

**上游供应链的策略：**

背景 上游原料厂年产能 5000 万元，利润可以做到 25%，但是实际营业额只达到 1000 万元，有 12% 的利润。

步骤 1　调料厂以 100 万元购买 49% 的股份；

步骤 2　连续 2 年帮原料厂达到 5000 万元产能目标，达到目标或超过目标，原料厂再转让股份给调料厂，如果达不到，100 万元也不要回；

步骤 3　达成目标奖励调料厂 100 万元。

顾总扶持下游，整合上游资源，形成了一个产业链的规模和系统，实现了业绩成倍增长！

## 冲哥说：

**产业链模式的关键是垄断。**

# 二、商业模式的落地

## （一）五大新商业模式

### 1. 万能合伙人模式

在未来的十年，作为企业领导者，一定要具备的一种商业模式思维就是合伙人思维。例如，一家企业招 36 个储备董事，每人交保证金 100 万元。每位董事享受七大权益：权益一，拿到 150 万元的产品；权益二，12 个月后没有销售到 100 万元，让董事保本，公司补差；权益三，享受每月分红；权益四，再拿货享受折扣；权益五，保护市场；权益六，优先选购权；权益七，分给董事总部公司有限公司合伙人（LP）1% 的股权，但是有一个限定条件，要发展 10 个战略合伙人。对企业来讲，有 36 个董事合伙人，360 个战略合伙人，共计 396 个合伙人。让有资源的人看到成为合伙人的好处和利益，可以裂变多个合伙人。

### 2. 退休模式

退休模式是类直销模式。通过列举案例来理解一下这个模式：

A 交钱成为合伙人，发展了 B1 和 B2 两位合伙人，A 退休可以拿到退休金，后面的人与 A 无关；B1 发展了 C1 和 C2，B1 退休可以拿退休金；B2 发展了 C3，A 帮助 B2 发展 C4，B2 退休拿退休金。

### 3. 一亩田初级模式

过去的老板赚中间差价的模式在今天逐渐走向了衰退，今天用创业的赢利新模式（又叫一亩田初级模式）重新做一遍，又找到新的商机。例如，一块 60 亩（1 亩≈ 667 平方米）的田地，与菜园打包成一个项目。将项目拆分，每一亩地用 5 万元的价格销售，客户可以买到 5 年使用权。这一亩地的菜、水果和家禽产量的 50% 使用者可以使用，其中 30% 自用，20% 送给朋友；另外的 50% 产量可以用来销售，销售额中的 50% 给田园主，另外 50% 销售额归使用者。对于使用者来说，他可能没花一分钱，享用了 5 年的绿色有机食品。

### 4. 一亩田高级模式

加速土地流转变成现金流，帮助农民把 1000 亩地变成资产。在初级模式的基础上，可以响应国家政策的相应商业模式。

### 5. 大 B（董事）+ 小 B（创业合伙人）+ 大 C（合伙人）模式

用合伙人裂变模式，迅速占领全国市场。例如，作为工厂先招商大 B 端，招投资 60 万元的储备董事，招 100 人。董事可享受的权益：（1）可以拿到 60 万元的产品；（2）拿到 60 万元本地消费券，与本地餐饮、娱乐等门店达成合作后，顾客可到指定门店使用消费券；（3）拿到 60 万元的水果；（4）拿到 3 个马来西亚的旅游产品等。除此之外，再送 LP 公司 0.49% 股权，行权条件是招 10 个 60 万元的创业合伙人，创业合伙人的保证金都交给储备董事，让储备董事先回本。

## 冲哥说：

**在互联网时代，流量是所有商业设计的底层。不管你的商业模式设计得多么美妙，不管你当前发展得有多好，都需要流量，这里的流量指的就是信息流。**

学员实操案例

# 冲哥通过合伙人，建立超级短视频矩阵，获取海量信息流

冲哥场场爆满的课程背后有一支超级厉害的合伙人团队。他们通过短视频矩阵网罗全网老板用户，通过短视频矩阵，获取信息流。他们怎么做的?

步骤 1 交 199 元成为会员。

步骤 2 制作冲哥短视频矩阵。

步骤 3 从合伙人处购买 199 元会员的前十个所有营业额直接给合伙人，购买 10~30 个，每个补贴 50 元；购买 30~100 个，每个补贴 100 元；购买 100 个以上，除了每个补贴 100 元，广告投放费用，冲哥跟会员五五分。

步骤 4 信息流用户建好群，开始转化客流。

步骤 5 现金流的转化通过两种方式：一种是线下粉丝见面会，另一种是每月两期的“冲出重围”总裁班。

这是一套三流合一的解决办法。

## （二）三流合一模式：信息流、客流、现金流

三流合一模式指的是通过公域平台的广告投放、直播或短视频引流政策吸引到私域用户池的第一批流量，通过在线客服或者专业的顾问，让私域池的用户体验企业的产品或服务，而变为客流。最后让客流买单就成为现金流。整个过程可以概括称为“三流合一模式：信息流、客流、现金流”。

### 1. 信息流

在移动互联网与大数据算法快速发展的今天，无论是一线市场的用户还是下沉市场的用户，能获取信息的方式、方法越来越多元化，但是用户关心的都是围绕着自己所需求的资讯，所以原生信息流的广告样式一经推出，就立刻得到广大用户认可。

信息流广告也在这些年的发展中逐渐展露出强大的商业潜力，其最大的特点就是“内容即广告，广告即内容”，而且信息流广告可以以文字、大图、

小图、图组、动图、视频等形式来呈现广告，满足不同用户的不同需求。对于企业来说，信息流是目前触达用户最有效的途径之一，信息流的承载平台也有多种选择，作为老板应当了解信息流平台的主要用户群体，准确投放企业信息。在今天，建立私域流量入口最好的工具之一是微信视频号。腾讯数据显示，截至 2023 年上半年，微信及 WeChat 的合并月活跃账号数已达到 13.27 亿（腾讯财报），视频号基于推荐算法的视频播放量同比增长 400%（微信公开课 PRO），是不可错过的引流平台之一。另外，企业有必要发展的流量公域平台主要包括抖音、今日头条和小红书等，抖音作为短视频与直播的平台，其日活跃用户达到 3.2 亿；小红书全平台注册数突破 1.5 亿，其中女性用户占比达到了 76%。

除此之外，可触达用户的方式还包括搜索引擎优化（SEO）、线下活动和展览等。

对于门店来讲，门店已经不是促成交易的场所，逐渐发展为让客户增强体验感，让商家与客户形成建立信任、产生黏性的纽带。

## 2. 客流

企业在公域平台投入资本，是为了向私域池引流，通过运营与服务，实现用户的裂变与价值变现。有数据显示，每月私域在 100 万 ~1000 万元流水区间的企业数量从 2021 年的 16% 上升至 2022 年的 22%，每月私域在 10 万元以内流水的企业数量从 2021 年的 26% 扩大到 33%。私域运营已经是企业做好客流、实现变现的重要模式之一。

当流量红利见顶时，私域的底层逻辑变为对老客户的运营，因为对一个老客户的运营成本是获取一个新客户的 1/6，所以应当先服务好老客户，再由老客户裂变新客户。另外，私域运营已经迎来了 2.0 时代，规模不重要，利润最重要，让客户买单最为重要。

学员实操案例

# 母婴店私域变现 4000 万元

广东有一家以销售奶粉为主的母婴店，这家母婴店通过企业微信将门店附近的宝妈拉入群中，一年线上私域赢利达到 4000 万元，甚至超过了线下十几家门店的收入。原因在于这家母婴店的宝妈群不发广告，不推销，专门进行宝妈育儿经验交流，让很多第一次当父母的人找到了归属感和安全感，比如一位宝妈半夜在群里发家里宝宝吐奶的求助信息，群里的导购秒回了宝妈，并给予解决办法，让宝妈得到安慰，类似这样的贴心服务是大型商超和电商平台无法替代的，所以这家母婴店间接在私域平台中产生了利润。

私域流量的运营不仅适用于大众消费品，也适用于高端产品。某珠宝品牌通过私域运营老客户，如定期提醒老顾客到店清洗、调整变形的首饰等，提升到店率，实现利润增长，做到了 200 万个老客户，到店率从 10% 提高到了 60%，仅靠私域流量年营业额就达到了 2 亿元。充分证明了从卖产品的思维转化到私域运营中持续服务的价值。

### 3. 现金流

现金流是指投资项目在其整个寿命期内所发生的现金流出和现金流入的全部资金收付数量。用通俗的话讲，花得少赚得多、花得多赚得多就产生了现金流，而花得多赚得少则企业经营就难以为继了。要想打造可落地的商业模式，我们一定要找到花得少赚得多、花得多赚得多的方式。

# 冲哥说：

**当行业竞争激烈，利润下降时，老板要把眼界打开，只做现金流把利润打开！**

## 小米生态链：覆盖生活方方面面

小米生态链取得了卓越成绩，小米以手机为中心形成了覆盖智能手机类产品、生活家居类产品、投资孵化的智能硬件类产品、生态链企业独立推出的产品等四大类生态链产品，其中，米家已经成为小米智能家居生态的代名词，依托极富设计感和性价比的产品赢得了庞大的用户群体。在新能源汽车渐成主流的今天，小米将在汽车领域崭露头角，这正是小米产品生态的威力。

**冲哥说：**

**普通的老板是卖产品；高手老板是卖方案，其实卖的是好处，就是让客户占便宜；顶级老板是把方案升级成项目，项目的背后就是投资和回报率。**

### （三）生态赢利模式

生态赢利模式是一种商业模式，旨在通过建立一个完整的生态系统来实现赢利。这种模式利用不同的参与者之间的协同合作和相互依赖，以创造更大的经济价值。这种商业模式展现出了强大的跨行业和跨领域的渗透性。

对企业来讲，生态赢利模式不是单靠产品赢利或设计一套赢利方案，而是用产品生态、高回报方案以及可迭代的项目共同构成了完整的生态赢利模式。

#### 1. 产品生态

市场竞争日益激烈，产品同质化程度高，很难获得持续性的竞争优势。因此企业打造出核心产品后，还需要建立起不断推陈出新的产品群，形成产品生态，互为倚重支撑。

## 来健身房就返现金，2 个月净赚 3 套房

学员实操案例

福建三明开健身房的邢总，上了王冲老师的课程后，设计了这样一套商业模式，让健身房的到课率超高，还不断有人开卡报新课。她是如何做的呢？
步骤 1 会员卡价格 3800 元一张；
步骤 2 会员到店体验 26 次瑜伽课，会员卡费分次返还：第一次返 100 元，第二次返 150 元，第三次返 200 元……直到最后一次 3800 元全部返还。
两天时间邢总办了七八百张会员卡，后续的客户再开卡都是万元起步。会员通过 26 次体验养成了良好的健身习惯，体验了优质的健身服务，再开卡对于邢总来讲，就是赚钱的开始。

### 2. 高回报方案

高回报方案背后是两个字：好处。设计高回报方案时需要考虑到消费者的需求和利益。提供优质产品或服务，个性化定制和体验，附加价值和额外福利，便捷高效的服务，良好的客户关系和沟通，以及透明和诚信经营等因素，都是为消费者带来好处的重要组成部分。只有消费者认为自己从中获得了好处时，才有可能实现高回报。

### 3. 可迭代的项目

项目的背后是两个字——投资，投资的背后是三个字——回报率。通过投资具有关联性、持续性的项目，可以极大地提升企业抗风险能力和实力。

## （四）流量红利模式

### 1. 将焦点从利润转移到流量

过去的老板是传统的卖货思维，追求的是利润空间；而今天的老板应该思考的是如

学员实操案例

## 一个汽车美容公司的颠覆性创新

李总经营着一家汽车美容公司，生意一直平平淡淡，怎样才能让更多人进店，成了李总最忧虑的事情。经过朋友介绍，李总进入了王冲老师的课堂学习，经过老师的指点，李总运用了几招将企业进行了裂变。

**招数一 切割客户**

步骤 1　将客户进行切割；

步骤 2　车价在 50 万元以上的客户免费为其提供 24 小时上门服务；

步骤 3　全年免费洗车，次数不限。

**招数二 借平台**

步骤 1　与保险公司合作；

步骤 2　只要购买保险公司的车险，即可免费成为门店会员；

步骤 3　3 个月的时间，李总门店与保险公司互导客户 7000 余人。

**招数三 收入链延伸**

步骤 1　与某高端品牌矿泉水合作；

步骤 2　在洗车过程中推销矿泉水；

步骤 3　给员工矿泉水整件销售提成；

步骤 4　成为当地该品牌矿泉水的最大代理商。

**招数四 中介平台**

步骤 1　与房地产开发商合作；

步骤 2　定期组织会员到海南旅游；

步骤 3　免费提供往返机票、五星级酒店食宿（房地产开发商支付）；

步骤 4　带会员参观房产，成交买房，成为房产中介。

**招数五 产业链延伸**

步骤 1　成立酒店管理公司；

步骤 2　房屋每年只自住一到两个月，空置率高；

步骤 3　公司帮忙将空置房屋出租给游客，收取出租佣金；

步骤 4　业主租金分红，支付按揭款。

李总通过资源的腾挪交换，仅仅房屋销售一项就有近 2000 万元的收入，将自己的主业作为一个引流入口，用副业来赚钱。

何精准地获取流量，要形成流量思维。只要思维一改变，企业的经营状态就会焕发新活力。

流量红利模式是指通过获取大量用户流量，并将其转化为商业机会和收入的一种商业模式。在互联网领域，流量红利通常指的是通过吸引大量用户访问和使用平台或应用程序来实现赢利。

今天商业模式的创新是被技术创新赋能的，在流量的时代，无论是信息流、客流还是现金流，企业都要以流量为核心，由此突破传统时代以产品为核心所存在的“天花板”。

## 今日头条：纵横发展，生态赢利

今日头条是一家基于内容分发平台的公司，也是一家采用生态赢利模式的典型代表。在横向延伸上，今日头条不断投资可迭代的项目，从文字内容到视频内容，不断扩大商业版图。在纵向延伸上，今日头条生态赢利模式主要包括以下几个方面。

① 广告收入。今日头条通过向广告主提供广告位和流量，从中获得广告收入。他们将用户分为不同的兴趣群体，并根据用户的兴趣和行为定向投放广告，提高广告效果并吸引更多广告主。

② 提供付费服务。今日头条提供了一些增值服务和特权服务，如会员订阅、直播、电商推广等。这些服务通常需要用户支付一定的费用，从而产生相应的收入。

③ 电商销售。今日头条在其平台上也开设了电商业务，用户可以在平台上购买商品。通过与商家合作，今日头条从商品的销售额中获取一定的佣金或分成。

④ 合作与授权。今日头条与其他公司进行合作，共享资源和技术，通过授权许可交换知识产权或技术，实现双方的共赢。

总的来说，今日头条的生态赢利模式主要是通过广告收入、付费服务、电商销售、合作与授权等方式实现赢利。这些模式相互结合，共同构建了今日头条的商业模式。

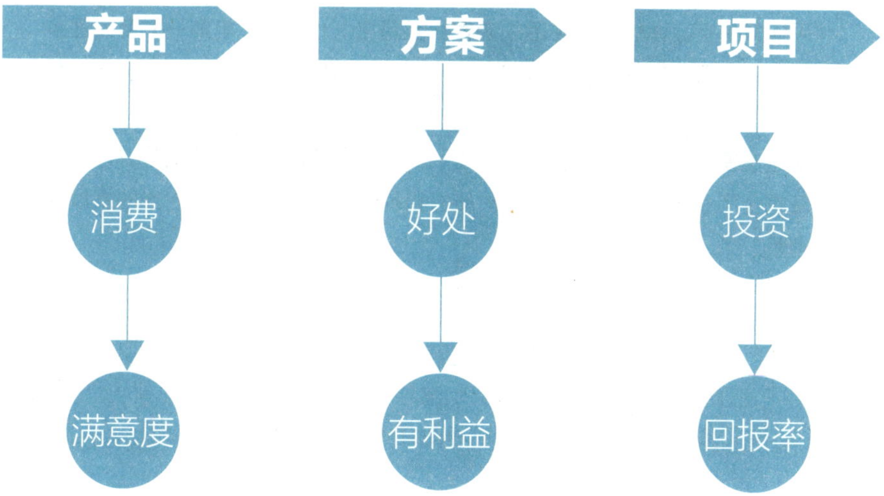

## 新农业产业：流量红利助推新农业发展

从新农业产业中我们也可以看到流量红利模式的运用。

① 农产品电商平台。建立农产品电商平台，吸引大量用户流量来购买农产品。通过提供便捷的在线购物体验、优质的农产品供应链和可靠的配送服务，吸引用户访问并促成交易。

② 农业知识与技术分享。通过建立在线社区、移动应用或专门的网站，提供农业知识、技术分享和实操指导。吸引用户参与，分享经验、交流问题，并提供相应的付费增值服务，如专家咨询、培训课程等。比如惠农网平台囊括水果、蔬菜、畜禽肉蛋、水产、农副加工、粮油米面、种子种苗、农资农机等 18 大类目 2 万多种常规农产品，是农业从业者的必备工具之一。且可以为涉农企业、个人及政府部门提供产业公共服务、品牌培育、产销对接、供应链标准化、防伪溯源、县域人才培训等整体配套服务。仅在华为应用商店，惠农网的下载量就高达 5100 万人次。

③ 农业生态旅游。将农业与旅游结合起来，打造具有吸引力的农业景点和农场体验项目。通过提供农业观光、采摘体验、农场餐饮等活动，吸引用户到访并提供相关服务。2023 年以来，湖南永州市零陵区大木源、蔡家甸、黄江源等地，乡村绿色生态游持续火爆，观山水、住民宿、吃农家饭、采摘野生茶、体验农家生活的游客纷至沓来。仅 2023 年第一季度该区乡村生态休闲游超过 100 万人次，收入达 10.5 亿元，同比分别增长 25% 和 27%。

在这些模式中，流量红利模式发挥了数字化和智能化技术的优势，可以提高农业产业的效率、透明度、附加值和赢利能力，并推动新农业的发展和创新。

## 2. 新型营销吸引流量

在新型营销场景中，产品思维向用户思维过渡。现代消费者更加注重个性化和定制化。他们期望参与产品的制造过程，并希望具有独特的体验。因此，企业需要更加关注用户反馈和需求，积极采纳用户意见，开发出符合用户期望的产品。

渠道思维向平台思维过渡。互联网和电子商务平台的兴起改变了传统的分销渠道模式。通过在线平台，企业可以直接与消费者进行交互和销售，省去了传统中间环节。因此，企业需要适应这一变化，建立自己的线上渠道，利用社交媒体和电商平台来推广和销售产品。

价格思维向短视频和直播等注意力思维过渡。短视频和直播等新兴媒体形式为企业提供了更多品牌宣传和产品展示的机会。通过生动、有趣的视觉内容，企业能够吸引目标消费者的注意力，传达产品的价值和优势。这种方式也可以在一定程度上影响消费者的价格敏感性。

以王致和为例，王致和入驻抖音之后，在短视频内容方面，采取做菜的方式推广自家产品，吸引用户观看；在直播方面，穿一袭清朝服饰、拿一把扇子的主持人走在王致和腐乳科普馆中，一边介绍腐乳的相关知识，一边推介产品。此外还有主播互动、有奖问答、工艺展示、烹饪环节、吃播环节，短短三个小时的直播就吸引了将近 10 万人观看。

促销思维向商业模式思维过渡。随着商业模式的不断创新，传统的促销方式正在发生变化。例如，订阅服务和会员制度可以提供更持续、个性化的优惠和体验；社交电商和用户分享经济的兴起也为企业带来了新的推广机会。企业需要根据新兴商业模式的特点，制定相应的促销策略，与消费者建立更紧密的关系。

总的来说，企业在适应市场变化和消费者行为转变时需要灵活调整自己的市场营销策略。通过理解和把握新技术、新渠道和新商业模式的优势，企业可以找到更适合自己的方式来吸引消费者，提高品牌价值并实现业务增长。

# 赢在产品架构

产品价值是左手，商业模式是右手。左手加右手等于用户价值。

——王冲

作为企业老板，确实应该有战略高度，但是战略离不开产品。对于用户而言，相比你能否改变世界，他们更关心的是你的产品能否解决他们的痛点、改变他们的生活。在任何时候，如果不能为用户创造价值，用户必然不会选择你的产品。今天的企业老板认识到，产品的战略都要归结为从用户角度出发，寻找用户的痛点和刚需，并拥有高频的使用场景。这是打造极致爆品的思维方式，已经成为今天企业的标配。我们更要清楚，在这个以流量作为底层逻辑的时代，我们要将变现链路上的产品进行细分，分为引流、黏性、赢利和延伸产品。让用户沉淀下来，享受我们更长久的服务，复购更多次的产品，不断产生新的利润。

# 一、产品的架构与分类

没有顶层设计不谈落地实施，否则方向会发生偏移。对于产品设计来讲，也要先有架构再谈策划与设计。产品架构是以满足产品设计为目标，通过对市场需求、模式以及用户的需求调研，用一个个功能模块、内容或部件等组成产品，并对功能模块进行分类整合，梳理出其间的逻辑关系，最终形成一套产品方案的过程。今天的企业追求的是流量和变现，在这样的背景下，根据产品的功能和属性不同，可划分为四类：引流产品、黏性产品、赢利产品和延伸产品。

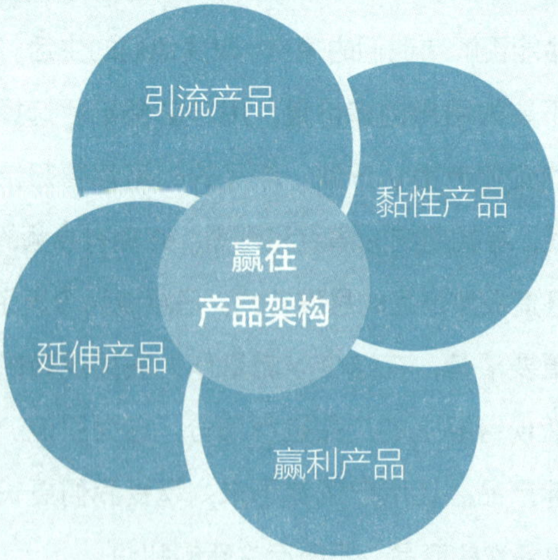

- 引流产品
  - 定位
    - 承担的是“做流量”的产品使命
    - 是一种战略性亏损或保本行为
  - 设计与策划
    - 线上平台
      - 三个目标 —— 提高客单价、提高用户数、提高复购率
      - 四个策略 —— 小轻而美、付少得多、刚需易耗、高价值感
    - 线下实体店　三个原则 —— 低成本、高相关、追热度
- 黏性产品
  - 黏性产品的重要性 —— 满足用户需求
  - 黏性产品的属性 —— 时间黏性、空间黏性、价值好处黏性
- 赢利产品
  - 赢利产品的利润 —— 行业差异性、市场竞争势态、设计赢利产品
  - 企业赢利增长点 —— 赢利增长点公式：销售额 = 流量 × 转化率 × 客单价 × 复购率
- 延伸产品
  - 本行业内的延伸产品
  - 不同行业合作延伸产品

## （一）引流产品

引流产品即可以便宜或便捷获得流量的产品。引流产品有三个属性：一是做流量，二是不做利润，三是与客户产生连接。引流产品可以是核心产品或爆品，而且要与赢利产品相关联，这样的引流产品，对客户来讲要有价值，对企业来讲对后续产品能产生赢利。

## 1. 引流产品的定位

如果把产品进行细分的过程看作享用一顿大餐，那么引流产品就是开胃菜，主要起到唤醒味蕾的作用。我们知道，当味蕾被唤醒后，大脑会释放多巴胺，给人带来愉悦感，提升人的幸福感。同样道理，当引流产品吸引用户注意后，用户便更容易接受“赢利产品”这道正餐了。

一般而言，引流产品承担的是“做流量”的产品使命，它的目的是将用户流量成功导入到赢利产品或服务中。引流产品是一种战略性亏损或保本行为，它可以建立企业产品知名度、扩大用户基础或者提高市场份额，很难通过引流产品本身实现直接赢利。

我们在商业活动中随处可见引流产品，比如银行在推广信用卡业务过程中赠送的行李箱、玩具熊；商家在大型展会上赠送的钥匙扣、帆布袋、书签等小礼品；团购火爆之时，商家推出的 9.9 元电影票、29 元的艺术摄影套餐、39 元的双人羊蝎子大餐等，本意都是通过引流产品带动赢利产品消费。

当然还有一种情况：引流产品即是赢利产品，只不过以免费或者极为低价的形式出现在市场上，多见于新企业、企业新产品的市场开拓期。

# 火锅店周年店庆锅底免费，连续 9 天锁定 8000 人

学员实操案例

石头哥加盟了一家四川的知名火锅店，可是火锅店的品牌琳琅满目，怎样才能让更多客户到自己的店里吃火锅呢？如何引流成了石头哥当时最大的难题，跟随王冲老师学习半年后，石头哥回去采用了以下几个招数，瞬间使店内客流暴增。

**招数一 降价引流**

步骤 1 推出 33.3 元霸王年卡；

步骤 2 在预售期间菜品折扣不同；

步骤 3 前三天菜品 7.3 折，第四天到第六天，菜品 6.3 折，最后是三天菜品 5.3 折，利用连续 9 天的福利风暴，让到店客户大概率转化，购买霸王年卡。

**招数二 引流卡**

仅需 33.3 元，即可享受：①一年内不限次数免锅底；

②消费满 200 元以上才可以使用（不含锅底价格）；

③每月每桌每次限免一个锅底。

**招数三 产品创新**

步骤 1 产品定位调整；

步骤 2 产品形式创新；

步骤 3 产品利润选择。

线下升级改造，线上市场开发，线上线下相结合，让石头哥的火锅店迅速成为四川最火爆的火锅品牌。

## 家装维修：用售后保修进行引流，引爆私域流量池

某家装维修行业平台，没有重视企业微信的引流，没有专门的引流动作，导致加粉率不超过 20%，造成存量用户大量流失。客户需要一个强有力的加企业微信的理由。通过维修工程师反馈，对客户来说，除了维修及时、服务到位，他们对售后保修也有很强烈的需求。

于是，一款电子保修卡被设计成该家装维修平台的引流产品，目的是用来添加平台的企业微信，提高企业微信通过率。

添加平台企业微信，可领取为期 3 个月的提供免费上门保修服务的电子保修卡。在客户利用公众号下单时，在线下工程师上门服务的过程中，以及在售后服务评价时，平台都会积极提醒客户加企业微信，领取电子保修卡。保修服务属于刚需，是客户建立信任的保障。平台还推出一系列的激励奖励机制，鼓励线下工程师多给客户推荐这个活动。经过 3 个月的时间，该平台的企业微信添加率从 20% 一跃攀升到 60%，为平台积累了更多的存量用户。

## 2. 引流产品的设计与策划

在市场经济深入发展的今天，商品琳琅满目，用户面临多样选择，导致酒香也怕巷子深。要想产品卖得好，一方面需要对产品进行包装设计；另一方面，要对产品进行推广营销。要知道，**没有流量，就没有销量。**再好的产品，也可能“泯然众人矣”。

流量从哪里来？我们可以从京东、淘宝、微信公众号、抖音、微信视频号等成功商业模式中总结出规律，流量无外乎来自两个方面：一是花钱投放广告，吸引流量，弊端是企业投入大，流量回收成本较高；二是通过策划、设计推出引流产品来引流，起到四两拨千斤的效果，这需要企业有较强的引流产品设计策划能力。

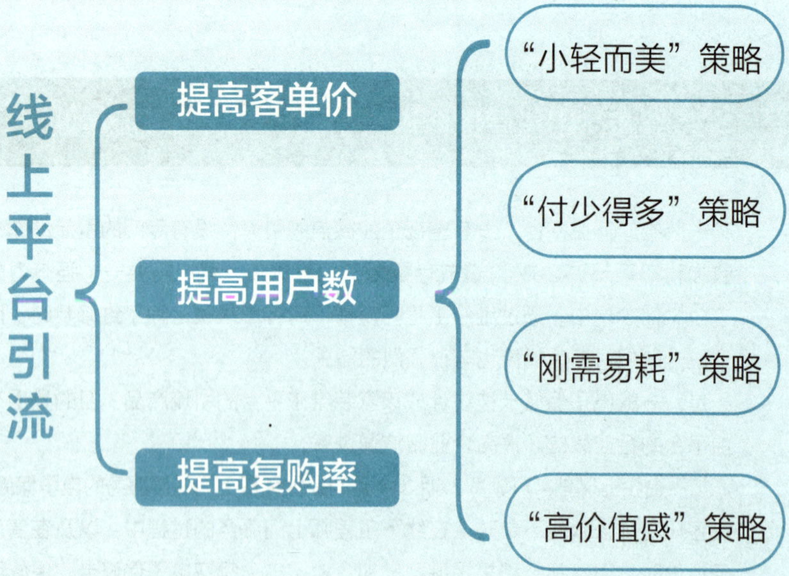

### （1）线上平台引流

#### “小轻而美”策略

引流产品一定要尽量小，尽量轻，尽量美。产品本身一定是精品，分量轻便于物流运输，包装有设计感能吸引用户眼球。如果是虚拟产品或者服务型的产品，最重要的是产品使用各个流程和细节的体验感做到位，如果涉及线下门店消费场景，能赠送个随手礼就更好了。如购买化妆品赠送小样，直播间购正品装洗衣液送吸色纸等。

#### “付少得多”策略

通俗地讲，就是通过买赠的形式让用户感受到实惠，常见于消费类企业。在执行“付少得多”策略时，既可以赠送实物（比如买一包方便面赠一包方便面，或赠一包纸巾），也可以赠送代金券、积分，会员价购买商品等，鼓励用户持续消费。可以说，“付少得多”是一个始终有效的策略。

#### “刚需易耗”策略

我们在设计引流产品时，应该注重产品本身的功用，尤其是刚需易耗属性。比如纸巾、湿巾、面膜、保鲜袋、垃圾袋等，这类对用户来说是高频次购买的刚需易耗品，有助于留存用户，养成用户消费习惯。当然，在具象的产品之外，刚需易耗有时候还是抽象的，用户在购买商品时产生的优越感、幸运感、虚荣心，都是本能的“刚需”，所以在设计开发引流产品时要掌握用户的心理。

#### “高价值感”策略

淘宝天猫、京东、拼多多的多年竞争，早已让用户在购买商品时养成了比价习惯。对于一件商品是否具有高性价比，用户有其自身的价值认知。所以，我们需要深入分析和挖掘目标客户需求，针对他们的需求研发超值产品、超值服务，吸引用户关注、购买，从长远考虑来看，这种一眼就能分辨出来的高认知产品，往往有助于建立客户的黏性。

另外需要注意的是，高价值感，并不意味着产品的包装华丽、研发成本高，而是这个产品能否满足用户的需求、解决用户的问题。

**（2）线下实体店引流**

对于实体店来说，一般销售的产品种类比较多，在设计引流产品前，需要先厘清产品架构：引流产品、利润产品、形象产品，设计好产品矩阵。

| 产品矩阵 | | |
|---|---|---|
| 名称 | 矩阵销量 | 作用 |
| 引流产品 | 销量最大的产品 | 为其他产品带来巨大的流量和高市场覆盖率 |
| 利润产品 | 销量一般比较大 | 为公司贡献利润 |
| 形象产品 | 销量未必大 | 提升产品的档次感和价值感，塑造产品的形象 |

# 冲哥说：

**大众化产品，要把价格做低，把流量做大，通过商业模式赢利。**

### ①“低成本”原则。

引流产品是高品质低价格的，消费者只有感受到性价比超高，才能被吸引进店。因此对于引流产品成本的把控要特别注意，应当避免将高成本产品作为引流产品。

### ②“高相关”原则。

引流产品带流量，利润产品通过带来的流量赢利，因此引流产品要能刺激利润产品的销售，或者与后续销售的利润产品是同类或相近品类的，或者就是后端利润产品的低配版。

A 消费的相关性。

引流产品和利润产品具备较高的消费关联性。以餐饮行业的烤鱼为例，可以将烤鱼作为引流产品，利润产品设计为配菜和饮品。吃烤鱼时，大部分消费者会点几样配菜，又因烤鱼比较咸，有些消费者会购买酒水或饮料，这样就实现了引流产品与利润产品的关联，避免了只点引流产品、不点利润产品亏本的问题。

B 产品的相关性。

引流产品吸引的就是有某类需求的消费者，比如眼镜店免费测视力、美容店低价美甲等，如果后端销售的产品与引流产品品类相差甚远，那么消费者对后端产品未必会有需求。

### ③“追热度”原则。

对于线下实体店来说，很难打造现象级的网红现象，但是可以进行追求热度引流。

A 借互联网热度，将网红爆款产品转化为自己的引流产品。

如瑜伽裤、脏脏包、菠萝袜等网红产品出现时，必然有大量用户跟风购买，线下实体店要有所动作，赶上潮流，让这些自带关注度和流量的产品成为引流爆款。

B 借热点话题或事件进行引流。

如重要营销节日、热播剧、社会现象等，将引流产品与之联系起来，以吸引更多的目标受众和扩大品牌影响力。比如某剧女主同款服饰、搭配，线上 618、线下同购物狂欢，等等。

## 咖啡店：咖啡引流，挖掘 C 端用户价值，实现多元赢利

咖啡店把咖啡当作引流产品，每次客户购买都有赠券和拼单机会，客户邀请 3 位好友还可以免费喝咖啡。客户这时从购买角色转变为了推广角色，咖啡店把咖啡的利润让给客户，让客户自发裂变，通过客户裂变的渠道将客户都聚集到咖啡下单软件上，再从软件上吸引一批商家入驻，推出与这一批用户刚需相符的其他产品，通过短视频、直播等形式在平台通过内容输出进行变现。因为咖啡店面向年轻人的市场，产品口味多样化，咖啡下单软件上的粉丝活跃度高，咖啡店又引入分销机制，让 C 端用户（消费者）和软件上的入驻商家连接，让学生和年轻的上班族等通过软件分销功能创业，在业余时间又有副业收入，咖啡店平台此时又成为一个商城平台和培训平台。咖啡店虽然在咖啡产品上舍去了利润，但在其他饮品上可以产生利润，各商家在平台入驻可以收取管理费用，通过分销裂变机制让平台价值快速翻番。

## （二）黏性产品

当通过引流产品将用户流量带到面前，该如何承接转化呢？持续的价值输出变得异常重要。具体到产品架构中，黏性产品是时候登场了。

### 1. 黏性产品的重要性

在分析黏性产品之前，我们首先要明白一个商业道理，即企业要想赢在产品，最重要的是什么。答案是六个字：**满足用户需求。**问题是不同的用户，需求各有不同；不同的产品，用户需求同样也有所不同。那么，该如何把握用户的需求？

对于后两种，尤其是不可激发的需求，当我们推出引流产品后，用户可能“拿着就走”，对赢利产品销售毫无帮助。比如我们在小区搞拉新活动，看起来获得的用户流量很好，但是真正到了要转化为为赢利产品付款时，成交的用户往往出现断崖式下降，这种现象在楼盘、装修推广过程中极为常见。

要想改变这样的窘境，就需要推出黏性产品或服务，比如深挖产品属性、非标产品、积分制、社群运营、持续性的打折促销、人性化关怀等，以此提升用户黏性，使其成为向赢利产品成交转化过程中至关重要的一环。

## 2. 黏性产品的属性

黏性产品是一种价值输出，不仅是具象化的产品。一般来说，与客户之间最好的黏性包括时间、空间、价值好处，这些都能黏住人。

### 时间黏性

通过为客户节省时间或提供有趣、富有成就感的体验，产品可以增加时间黏性。例如，微信、小红书为用户提供了便捷的通信和信息分享方式，吸引用户花费更多时间在平台上互动。

### 空间黏性

在数字时代，产品的空间黏性指的是通过提供无论何时何地都可访问的服务，吸引用户留在特定的平台或应用中。云存储服务如百度云等，允许用户在不同设备之间轻松共享和访问文件。

### 价值好处黏性

如果产品能够为客户提供独特的价值和好处，能够满足他们的需求，并解决他们的问题，那么它将具有很强的黏性。例如，在线学习平台，可以提供高质量的教育资源和技能培训，帮助用户提升自己的知识水平和职业发展空间。

时间、空间、价值好处这些属性的结合，可以增加产品与用户之间的黏性，并促使用户留存。

至于如何衡量这种黏性的程度，我们可以使用 DAU（日活跃用户数量）和 MAU（月活跃用户数量）两个数据来表征用户的使用频次，一般来说，月活跃用户数的占比高，就代表用户的黏性比较高。

## 产品生态：陪伴用户衣食住行到一生

线上平台中的微信、支付宝，一直在努力满足着用户的衣、食、住、行、娱乐、理财等全方位需求；线下实体店中的海尔智能家居等，可以提供品类齐全的商品，也可以通过全套智能家居影响用户生活方式，定制生活美好之家。它们通过科技产品、产品服务与用户发生深度连接，让用户从品牌的生态产品中获得便利和服务，让用户习惯发生改变，从而与该品牌产品产生黏性。

腾讯超级商业生态大闭环

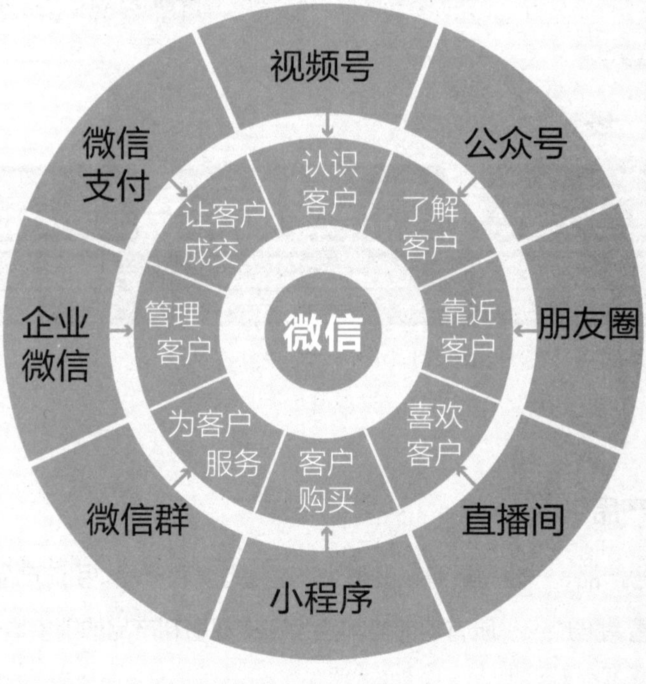

海尔 U+ 智慧生活开放平台

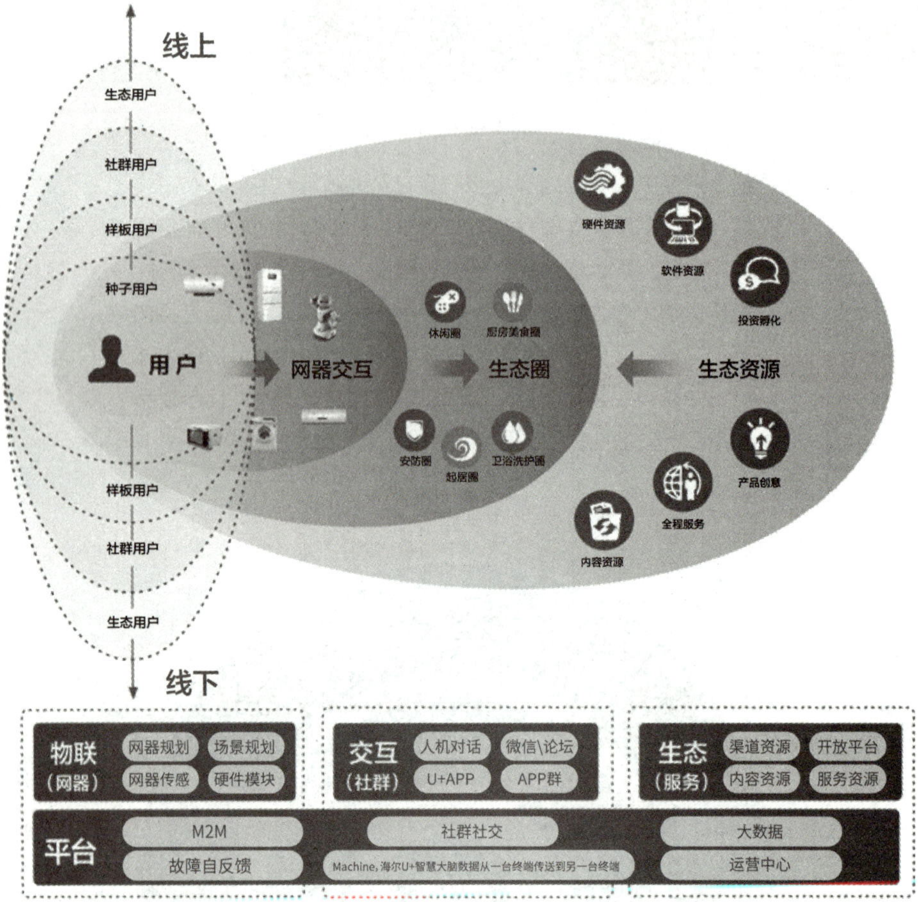


## （三）赢利产品

企业真正的核心产品，一定是最赚钱的那个，这就是赢利产品。引流产品、黏性产品、拉新、买赠、营销推广……所有的铺垫都是为了实现赢利产品的销售增长。

## 1. 赢利产品要有利润

企业的净利润率水平会因行业、市场竞争和其他因素而有所不同。确保赢利产品的净利润率达到或超过 30% 对于中小微企业是一个可行的目标，可以帮助企业确保产品可持续性和赢利能力。

我们又该如何看待赢利产品并适时做出决策呢？

01

首先，要明白行业的差异性。不同行业的净利润率标准会存在明显的差异。比如高科技行业，它们的大量资金投向产品研发，而不是生产过程。在产品成功研发并投产后，一旦收回研发成本，生产成本相对于销售价格几乎为零，利润会出现暴涨，所以净利润率普遍较高。而一些传统行业的净利润率则较低，比如零售业。因此，我们考量赢利产品的净利润率时，应该明确行业属性，将其与同行业的平均水平进行比较。

02

其次，要明白市场竞争态势。市场竞争激烈的情况下，赢利产品要想获得较高的净利润率，往往面临更大的压力。如果某个领域竞争激烈，市场内卷，价格压力大，那么达到 30% 的净利润率将会更具挑战性。

03

最后，要明白重新设计赢利产品是必然的商业选择。人无千日好，花无百日红。像一些高利润企业一样垒起高高的城墙对企业来讲固然是好事，但从行业角度来讲，这个行业在创新力上要比别的行业投入得更多。创新是企业永恒的命题，如果赢利产品的净利润率已经无法满足预期，重新设计赢利产品就需要企业提上日程。当然，重新设计的内涵很多，包括优化生产成本、调整价格策略、改进市场定位或增加附加服务等。重新设计赢利产品应该综合考虑多个因素，以确保在提高净利润率的同时仍能满足客户需求。

## 2. 找到企业的赢利增长点

在一个产品趋于饱和、同质化严重的时代，赢利产品的竞争越来越激烈，在每一个垂直细分的领域，都存在着众多而强劲的竞争对手，然而绝大部分企业没有能力做出让他人无法复制、无法超越的产品，那么就需要在设计赢利产品时，与市场上其他竞品产生差异化。企业赢利依靠的不仅是产品，还应该有其他的赢利收入。有三点可以作为企业赢利的增长点：一是扩建渠道，二是挖掘用户价值，三是产品差异化。

**（1）扩建渠道**

在竞争激烈的市场中，寻找和建立适当的渠道是非常重要的。优秀的渠道可以帮助产品更好地触达目标客户，并实现销售增长。这包括选择合适的分销渠道、在线销售平台、零售网络、异业合作等。有效的渠道也可以提供更多的市场机会和合作可能性，为企业扩充赢利增加维度。例如，产后康复门店与母婴店跨界合作，到母婴店购物达到某一金额的新手妈妈客户可以免费体验产后康复门店的指定单个项目，当客户体验后在产后康复门店成为会员，产后康复门店会给母婴店老板返回一定数额的现金作为分销提成，虽然是不同的行业却有相同的客户群，实现了渠道异业合作的双赢。

**（2）挖掘用户价值**

理解用户需求、建立用户关系和提供有价值的服务对于产品赢利至关重要。通过大数据数字化工具可以深入了解用户的偏好、行为等数据模型，企业可以依据数据分析定制产品，优化用户体验，以此来与用户建立长期关系。从用户需求出发，为用户提供个性化的解决方案和增值服务，是企业的标配，在此过程中会产生企业赢利的增长点。例如，健身软件根据用户的身体素质、健康指标、空余时间、生活习惯等数据，借助大数据算法为用户科学定制身材目标和管理方案。大部分健身方案为免费模式，当用户养成通过软件进行健身的习惯后，软件会给出用户专属的定制化健身 + 营养餐 + 提醒等服务，

# 将国学文化运用到极致，主打差异化竞争

学员实操案例

广州的一位学员，专门做高奢品牌爱马仕围巾的代工厂，生意遇到了瓶颈，不知道如何在产品上突围，听了王冲老师的课程之后，对产品进行差异化设计，提升价值，并采用差异化打法。

步骤 1 创建企业自己的围巾高端品牌；
步骤 2 将中国国学运用到极致，在产品设计时融入中国元素，取名为百鸟朝凤图围巾；
步骤 3 定价 49800 元，只服务高端客户，在国外非常受欢迎，一度卖断货，实现了赢利。

但是用户想要使用这一定制化方案需要成为付费会员。另外，用户在健身过程中，教练会提供一些个性化的健身工具，如瑜伽垫、哑铃、跳绳、跑步机、划船机等健身器械，用户会根据个性化需要下单付费。对于健身软件来讲，会员、定制化课程、健身器械类产品、营养餐谱相关食品等，都成为赢利性的收入。

**（3）产品差异化**

产品差异化越明显，企业竞争力与杀伤力就越大。尽管同质化现象普遍存在，产品差异化设计仍然是企业竞争的先决条件，差异化可以从包装、名字、颜色、价格、材料、功能上进行设计，才能与竞争对手区别开来，让用户找到所需的独特价值。

## （四）延伸产品

延伸产品即同心多元化或跨行跨界的产品，是企业在现有产品基础上，推出符合自身发展需求的不同类型产品，或者跨领域多元化经营的产品。例如农夫山泉不断推陈出新，形成多元化产品矩阵，除饮用水外，已经布局即饮茶、功能饮料、果汁、植物蛋白、咖啡等品类。

### 1. 本行业内的延伸产品

本行业内的延伸产品是指与企业已有产品或业务之间存在某种关联性或共享基础资源的新产品。它们利用现有品牌知名度、渠道网络或技术平台等优势进入新的市场领域。例如，汽车制造商推出的延伸产品为汽车配件、保险服务或汽车租赁等。再如火锅店将招牌菜或火锅底料加工成的预制菜，客户回家还想继续享用就可以直接带回家。

### 2. 异业合作的延伸产品

多元化经营是大多数大型企业的选择，对于中小型企业来说，也要具备多元化意识和准备，适时研发推出异业合作的延伸产品。

异业合作的延伸产品指的是与已有产品或业务没有明显关联的新产品。这种多元化战略可以帮助企业进入全新的市场领域，以减轻对单一市场的依赖，并分散风险。例如，腾讯公司将社交、支付等多种功能整合到一起，创造出了微信支付，这一跨界创新改变了人们的支付方式，成为中国最受欢迎的移动支付方式之一。

延伸产品的优势包括利用异业双方现有品牌影响力、市场渠道和资源优势来快速进入新市场，降低市场推广成本以及与现有客户建立更深入的关系。然而，延伸产品也面临一些挑战，如核心业务分散注意力、品牌形象风险、固有的复杂性等。所以企业在推出延伸产

# 眼镜店 1 年开 1000 多家店

**学员实操案例**

张总做的是能降低近视度数（简称降度）的眼镜生意，他一直想把这款降度眼镜推广到全国各地。如何才能快速推广裂变，让更多人认识并使用这款眼镜呢？带着这样的困惑，张总来到了王冲老师的课堂，经过学习和老师的辅导后，运用以下几招进行落地。

**招数一 借平台**

步骤 1 找到国内有实力、有影响力的会议销售平台；

步骤 2 签路演合同，交“过路费”；

步骤 3 在平台分享十次进行招商。

**招数二 免费体验**

步骤 1 免费捐赠价值 10 亿元的眼镜给学生；

步骤 2 在佩戴学生群体中进行降度比赛；

步骤 3 看看在佩戴降度眼镜一年的时间里，谁降的度数最多。

**招数三 造势**

步骤 1 办颁奖礼，给降度最明显的同学颁奖；

步骤 2 利用新媒体微信营销；

步骤 3 让所有降度眼镜受益者去分享自己的真实故事；

步骤 4 让更多受到近视困扰的人能够看到降度眼镜的效果，让更多人能够受益。

通过与平台合作，张总在一年的时间内，在全国新开了近 1000 家店，快速形成连锁门店，并且还开发了海外市场。

品之前，应进行充分的市场调研和分析，了解目标市场的需求、竞争环境和潜在机会，以便确定适当的产品定位和市场策略。

此外，延伸产品需要适度的资源投入，包括人力、财力和技术等方面。企业应根据预期收益、风险评估和资源可行性来决定是否进行延伸，并确保合理配置资源以实现成功。

## 二、产品的设计与落地

一百多年前的福特汽车，四十多年前的 Microsoft Windows，十几年前的苹果手机，都是现象级的超级产品，均以超级单品引发行业的巨大变革。

时代的产品有时代的烙印。在传统工业时代，所有创新都是“以公司为中心”，成功要素是技术创新、工厂、团队以及渠道，用户不是不重要，而是在整个价值链里处于非核心位置。

在互联网时代，超级产品的缔造者一定是 “以用户为中心”的。产品创新必须要有，而且不仅产品本身能够帮助用户解决问题，还要满足用户的附加需求。当用户不理解产品设计的时候、抱怨产品的时候，企业要先反省是不是自己错了，而不是去争辩。因为很多时候，往往用户是对的。让用户参与进来，产品建议、创意从用户中来，产品就等于是用户自己设计的，当应用到用户中去的时候就会水到渠成，事半功倍。

好的产品是用户需要的产品，会自己说话，打动用户。用户购买产品的逻辑与产品设计息息相关，我们该如何设计出好的产品，并让它走到用户中间呢?

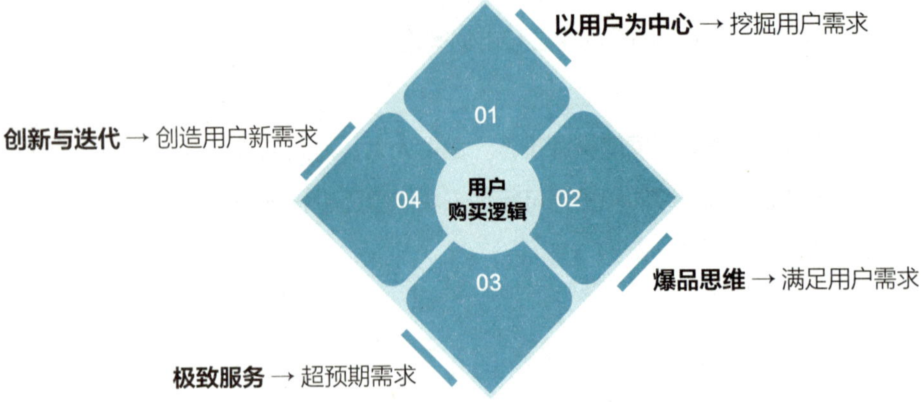

## 1. 产品设计的流程

**（1）精准用户画像**

既然以用户为中心，那么精准用户画像对企业设计产品就显得极为重要，这是因为，精准用户画像可以实现以下五方面效果。

## 冲哥说：

**企业要进行用户切割，老板一定要做一部分用户，另一部分不要了，做的这一部分就都是你的。**

| | | |
|---|---|---|
| 1 | **精确定位目标用户** | 用户画像是指根据用户的属性、用户偏好、生活习惯、用户行为等信息而抽象出来的标签化用户模型。通俗地说就是给用户打标签，而标签是通过对用户信息分析而得来的高度精练的特征标识。我们通过细化用户画像，可以更准确地了解目标用户的特征、需求和偏好 |
| 2 | **有效满足用户需求** | 理解用户的需求和痛点，提供产品和解决方案，企业能够更有效地满足用户的期望，提升用户满意度和忠诚度 |
| 3 | **提高市场竞争力** | 在调研与分析用户的过程中，帮助企业发现市场中尚未被满足的细分需求，提供具体的解决方案，企业可以创造差异化优势并提高市场竞争力 |
| 4 | **迭代产品开发和设计** | 了解用户的特征和偏好，可以帮助企业更好地定位产品功能、界面设计、用户体验等，迭代更符合用户期望的产品 |
| 5 | **让营销和推广更有效率** | 通过了解用户的特征和喜好，企业可以选择更合适的媒体渠道、内容和策略，精准设计广告与信息流投放方案以吸引目标用户并提高转化率 |

## 老人鞋：精准锁定银发市场，填补市场空白

早在“银发经济”浪潮到来之前，一家专做老人鞋的品牌就锁定了老年人脚部健康的市场，这家企业专注打造老人鞋新品类。他们成立用户洞察中心，对用户进行标签化，深度分析用户需求，围绕痛点对产品进行设计和研发。为了做出老年人最需要的鞋，该品牌研发团队亲自用手测量了上万名老人的脚。遇到变形的，就把鞋头加宽，防止挤脚；遇到脚踝有问题的，就把鞋勒加高，防止崴脚；遇到腿脚不便的，就把鞋做成免系带，目的就是让老人穿上好穿、舒适、合脚的鞋子。截至目前，其生产的老人鞋在产品外观、鞋底、鞋垫等方面，已先后获发明专利，填补了“老人没有专业老人鞋”这一市场空白。

如何实现精准的用户画像呢？我们通常采取以下三种方式。

**找到核心用户**

① 找到符合自己产品的目标用户群体，再从中筛选更为忠诚、更愿意买单、更愿意反馈的用户。通过数据分析工具和平台，获取用户行为数据和消费习惯，分析用户的行为轨迹、购买记录等数据，确定用户的特征，如年龄、性别、地理位置、职业等。通过与用户沟通了解他们的需求、偏好和行为模式，来匹配企业的核心用户。

**找到用户的核心消费场景**

② 创建用户旅程地图和用户故事板，详细描述用户从认识产品到购买再到使用产品的过程中所遇到的关键场景和需求。这有助于深入理解用户的行为和情境，并为产品提供相应的功能和设计。再辅助用户的行为数据，如页面浏览次数、点击率等，来验证用户成交路径的可行性和真实性。

**找到用户购买的核心理由**

③ 众所周知，用户有需求才会有交易，在需求的背后，到底是哪些因素加速了用户完成交易？是实惠的价格、令人满意的功能、值得信任的质量、周到的服务、较小的代价、对品牌的迷恋……如何找到用户购买的核心理由？就是找到用户的最痛点，切实有效地提供个性化的解决方案，解决其痛点需求，突出产品卖点，再配合直播、短视频等加速成交的营销手段，让用户为情感、外观、赠品、价值、功能等买单。

**（2）充分需求调研**

**① 知己：自身产品优势与劣势分析**

可以借助 SWOT 工具评估产品在内部和外部环境中的优势和劣势，涉及对产品的特点、功能、品质、用户反馈等方面进行全面评估。

**SWOT 分析法——4 个要素**

及时倾听用户的反馈，感受市场的温度。任何产品都要回归到“以用户为中心”的本质上来，感受真实的市场冷热度，为产品的迭代与优化提供依据。这些依据来自于竞争对手的营销手段调整、新品更迭速度，以及产品投放市场数据分析结果、用户评论反馈。

### ② 知彼：向竞争对手致敬

知彼知己，百战不殆。在任何行业中，最先要学习的就是竞争对手，无论是在同行业内还是跨行业。分析竞争对手可以预知产品市场，了解市场行情，掌握对手信息、发展方向，以便自我调整。

| 竞争调研 | 企业落地实操 | |
|---|---|---|
| **竞争对手** | **知己：自身优劣势** | **知彼：对手优劣势** |
| 产品特点、定价、市场份额等 | | |
| 用户对竞争对手产品的态度和体验 | | |
| 对产品进行详细分析和比较，包括功能、设计、性能、定价等方面 | | |
| 关注媒体报道、社交媒体评论等，了解用户对竞争对手的看法和评价 | | |
| 竞争对手的公司报告、年度财务报表和公开发布的信息 | | |

### （3）全新策划理念

产品的全新策划理念是指在产品规划、设计和营销过程中采用一种独特而创新的方法或理念，以满足不断变化的市场需求和用户期望。产品的全新策划理念，目的是让用户看到产品背后的意义或情怀，即“看山不是山”，此时，产品充当了企业与用户之间产生深刻价值认同感的桥梁和纽带。而以竞争者视角来看，产品的全新策划理念是高手过招，比拼的不是一招一式，而是系统！

1 站在可持续性与环保的角度

在产品策划中注重环境可持续性和生态友好性。这包括使用可再生材料、降低能源消耗、减少废物排放等措施，如新能源汽车等。

2 站在智能化和物联网（IoT）的角度

利用先进的科技和物联网技术，让产品在科技中创新，实现智能化功能和服务，如无人驾驶汽车、智能家居等。

3 站在共享经济和共享资源的角度

基于共享经济的理念，通过构建共享平台或共享服务，让用户能够共享和共同利用资源，如共享旅行、共享充电桩等。

4 站在个性化和定制化的角度

千人千面的用户定制化，无论是信息还是落地页，根据用户的消费、生活、工作、学习等习惯，推荐不同的定制化内容与服务，如今日头条、滴滴出行等。

5 站在生态系统和平台思维的角度

以建立生态系统或平台为核心，将产品与其他相关领域或服务相结合，形成综合解决方案并创造更大的价值。

这些全新策划理念可根据不同的产品类型和市场环境进行调整和应用。它们可以帮助企业在激烈的竞争中脱颖而出，并满足日益复杂多变的消费者需求。

## 洗地机：用科技改变清洁市场，未来或将成为全民刚需

中国家庭的地面许多是木地板与瓷砖，而“先扫再拖再洗”已是中国家庭根深蒂固的地面清洁方式，这种方式不仅费时而且需要弯腰费力，与当今中国人追求健康品质生活的趋势背道而驰。

**产品研发场景化：改变弯腰清洁的习惯**

洗地机恰恰将“吸、拖、洗”这三步连贯为一体，一次性清洁地面的干湿垃圾，解放双手，让家人不需要弯腰轻松清洁地板。

**用科技改变清洁：用核心技术解决清洁难题**

洗地机在设计方面有三大核心技术：高转速马达（手动反复擦洗的效果）、活水清洁两条水路（脏水与清水两条水路，避免细菌传递）、滚刷正反转（模拟洗衣机揉洗过程），还搭载热风烘干、全链路杀菌等功能，解决三类人群地面清洁难题：一是具有强烈清洁欲望、愿意进行高频次深度清洁的人群；二是养宠家庭，对宠物毛发、食物残渣等干湿垃圾需要经常清洁的人群；三是育儿家庭，对婴儿要在地面上爬行、儿童经常在地面上玩耍、对地面健康尤其重视的人群。

洗地机的研发迭代速度快，每一个圈层用户的清洁难题都将通过科技发生改变。

**（4）功能智能化**

在分析消费者的购买行为时，我们会发现产品的某些功能细节，更容易让用户怦然心动，也就是说，产品中的一些特殊功能或设计，能够给用户带来惊喜、兴奋和愉悦的体验。

1. **个性化推荐**
   根据用户的兴趣和行为，提供个性化的推荐功能。
2. **隐性技术支持**
   通过隐性的技术支持为用户提供帮助。例如，智能语音助手等。
3. **虚拟现实（VR）与增强现实（AR）交互**
   为用户创造出沉浸式的交互体验。例如，通过 AR 眼镜或手机应用等。
4. **情感化反馈**
   在交互过程中，通过声、画、触等方式，传递丰富的情感反馈。例如，当用户完成一项任务或达到一个里程碑时，产品可以通过欢快的音效、动画效果或震动来表达庆祝和鼓励。
5. **智能场景适应**
   根据用户所处的环境和情境，自动调整产品的设置和功能。例如，在不同的光线条件下，产品可以自动调整屏幕亮度和色彩，以提供最佳的显示效果。
6. **社交互动与分享**
   在产品中加入社交功能，让用户能够与其他用户进行互动和分享。
7. **个性化定制和服务**
   允许用户根据自己的喜好和需求，选择独特和专属的待遇。

## 海尔智能冰箱：厨房里的功能智能化管家

随着智能设备的普及，用户总是期待通过更少的操作获得更多的便利。仅仅能制冷的冰箱已经无法满足用户需求，因此市场上便出现了应用各种高科技的智能冰箱。海尔智能冰箱的功能智能化、人性化与标准化，让用户切实感觉到，科技带来的美好厨房生活。

· 自动调温——PK 传统制冷技术

传统的机械温控冰箱，需要用户随季节变化手动调节档位，进行温度模糊控制。智能冰箱只需一键点击智能模式，可感知环境温度变化，并随温度变化自动调节温度档位。

· 食材录入——有电就工作的库管

传统冰箱只负责控制温度，管理食材的工作都是由用户自己完成的。智能冰箱系统中的食材库，包含大量常见食材，通过语音识别或点击分类选择食材的方式，即可录入初次放进冰箱的食材。冷藏室内置摄像头还可以通过图像识别技术，自动识别放入冷藏区的食材，每次拿出或放入食材，食材数量会自动更新。对于缺货食材，冰箱将及时推送提醒。

· 新鲜度管理——让冰箱食材保持新鲜

除了数量，智能冰箱还会关注食品的保质期。食材录入的同时可以添加保质期信息，新鲜度分为“正常”“预警”“过期”等状态，一目了然，食物临近过期时冰箱将及时提醒。

· 饮食分析——健康管家

智能冰箱的饮食分析功能可以由冰箱内食物的增减变化，定期生成营养月报。从各个维度对营养成分进行分析，从而保证全家合理膳食，营养均衡。

· 食材购买——冰箱选菜超市

智能冰箱提供购物功能，用户可以购买到生鲜、调料、电器等各种产品，一键下单送货上门，还可以追溯生产渠道。

· **美食食谱——定制化菜谱**

智能冰箱能够根据录入的食物自动推荐菜谱，或者根据特殊人群的需求搜索菜谱。还有教学视频，不用担心做出黑暗料理。

· **人性化功能——厨房不枯燥**

影音娱乐：智能冰箱集合了各种视频、FM 资源，能将碎片时间统统利用起来，边做饭边娱乐。定时器：提醒待办事项，准确把握烹饪时间。天气查询：在首页显示，可以查询当前及未来几天天气。留言板：可以用文字、图片甚至是视频的形式给家人留言。

· **远程控制——用户不在家，也可照顾家人**

用户可通过其他智能终端对智能冰箱进行远程控制，在手机、平板上进行调温、模式转换等操作，冰箱运行异常还将自动提醒用户。

· **互联互通——与全家智能家居互联**

智能冰箱与同品牌其他产品之间也可以联动：与烤箱、油烟机、燃气灶等电器联动，可以实现智能化的烹饪过程。与安防系统联动，可以在冰箱屏幕上看到门外影像。与电视、手机多屏互动，能够将客厅电视和手机上正在播放的视频实时传送到冰箱屏幕上。

智能冰箱能解决众多每日必须面临的烦琐问题，节约大量时间和精力，并且智能化是未来家电的发展趋势。

**（5）识别性的设计**

在产品设计过程中，考虑到产品的识别性是至关重要的。识别性的设计属于企业审美能力范畴，企业通过创造独特而令人难忘的设计，可以增强品牌的形象和市场地位，对提高品牌认知度、提升品牌价值、强化品牌一致性以及区别于竞争对手有重要的意义，有一些设计原则可以参考。

在具体的实操过程中，企业往往会有一种困惑，识别性的设计到底是追流行还是创造流行？显而易见，追流行更不容易出错，且容易蹭热点。比如流行蒂芙尼蓝，那么我们就可以在产品设计中加入这种颜色；流行古法哑光质感，竞争对手的手镯、戒指销量大增，我们的产品也应跟上市场节奏，抓紧研发生产出来。

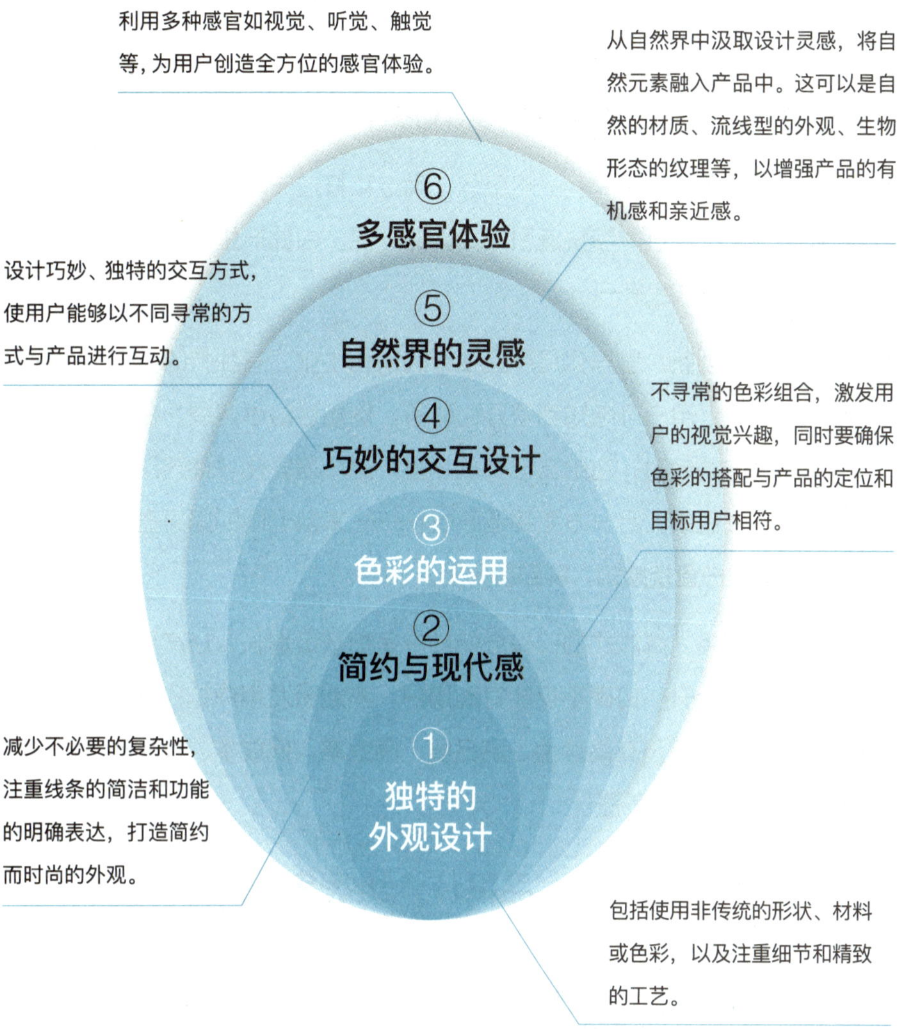


## 2. 爆品成为标配

在企业实际的经营过程中，仅有好的产品还不足以满足这个流量的时代，打造爆品才能更好地为企业开辟流量入口。什么是爆品呢？《爆品战略》一书中讲道，爆品就是引爆市场口碑的产品，甚至只是一款单品。

打造爆品需要实力、运气、资源等各方面因素加持，同样的策略、同样的产品甚至同样的人策划，在不同的时间可能都无法复制出同样一款爆品。但是，有一些打造爆品的关键点、一些普遍性的策略可供我们参考。

一款产品做到极致。通过深度战略聚焦，确定和打造一款或几款能够在超大的品类中有超强差异化，并且能够快速引爆口碑的产品。由此产生爆炸级的口碑和销量，在细分品类中做到排名第一。

差异化的功能微创新。差异化是产品独有的销售主张，有独特的价值点。跟其他产品相比，难抄袭，用户可感知到差异化体验。例如洽洽小黄袋，在面临着互联网品牌与新型品牌的崛起时，它给自己找到“鲜”这个差异化“武器”，一方面通过保鲜技术——充氮包装，另一方面缔造原材料——来自七国的坚果直采，让洽洽小黄袋的“鲜”被用户直接感知，鲜到看得见。

爆炸式的口碑传播。爆炸式的口碑会使用户呈指数级增长，让产品甚至能在一夜之间行业排名迅速上升，口碑不仅能打动用户，还能激发用户链式传播。例如名创优品的名创冰泉，因其具有高颜值、高品质、高效率，低成本、低毛利、低价格的大爆品的品质，实现销量暴涨！

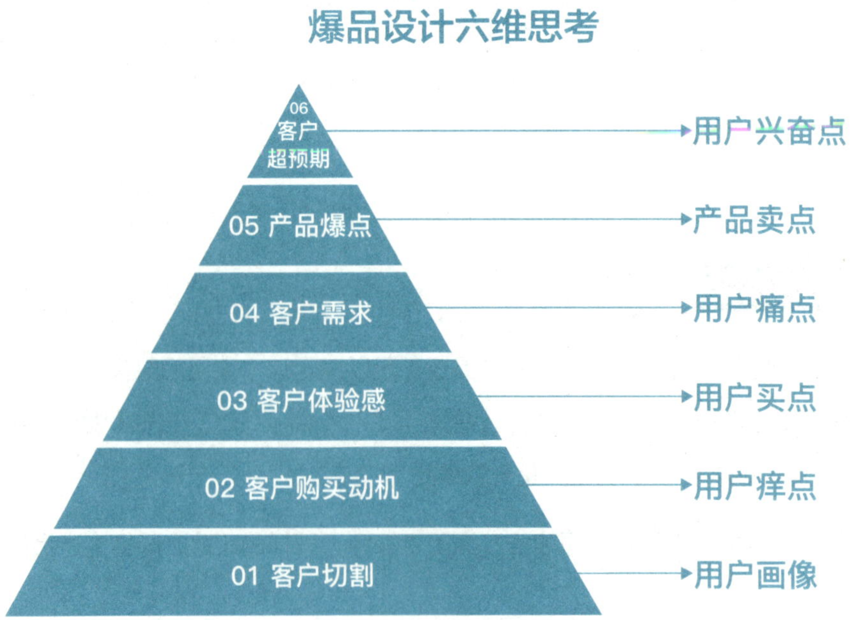

## sheme：中国原创文化鞋履品牌，行走的艺术

品牌是产品的灵魂，品质是产品的生命，sheme 要做的是有灵魂和生命的鞋子。

sheme 是中国原创文化鞋履品牌，也是第一个登上巴黎高定时装周的中国奢侈女鞋品牌。在 2020 年的时候，其作品就被德国国家级博物馆作为当代艺术永久收藏。sheme 一直以来都秉持着匠人精神，致力于非遗蜀绣工艺的传承，传递中国文化之美，做到了“行走的艺术”。

sheme 创始人认为中国的原创品牌绝不是国外品牌的翻版或改造，应该既具有中国元素、中国文化的东西，又能把国际时尚元素融进去，符合现代的审美和消费习惯。在 sheme 的鞋款中，牡丹、同心结等都成为鞋子设计灵感的主要来源，刺绣、镶边、中国结的盘扣等设计元素也被运用到鞋体上。

sheme 团队对品质的要求近乎极致，并为 sheme 制定了完整、审慎的技术监控标准。每一道工序从鞋型设计到帮样设计、底部设计、材料设计、工艺设计等设计总监都亲自把关，皮料厚度、削皮处理、均匀度等都做到追求极致，以保证给予每一个 sheme 穿着者完美舒适的感受。

走高端奢侈品路线的 sheme，从营销推广上下功夫。学习国际顶级品牌开拓市场的做法，开设高端品牌形象店，与国际一线品牌“比邻而售”。

“口口相传”是高级定制品牌打开市场的重要方式，而名人圈子的传播效应更加显著。sheme 的营销紧扣这一要义，它首先用自己的品质俘获了一群忠诚的高端名人粉丝，为 sheme 打开市场奠定口碑基础，也因此与许多名人结下了深厚的情谊。

sheme 的销售团队会详细记录会员的情况，包括年龄、爱好、鞋号、脚型、喜爱的颜色等，甚至进一步分析她们的偏好、生活习惯、着装的风格、经常出席的场所、喜爱的服装品牌等，帮助会员在最短的时间内选择合适的鞋款。sheme 的客户重复购买率达到 60% 以上。

做品牌一定是一个巨大的投入过程，打造品牌最重要的不是钱，是时间和全部的爱。

## 小米智能电视：国产黑马

小米电视在市场上表现非常出色，不仅在外观设计上十分精美，而且还拥有超越同类产品的互联网功能和用户体验。更为重要的是，这款电视具有极高的性价比，比绝大多数同类产品价格低得多，是市场上的“性价比之王”。小米的爆品遵循着三高定律。

### · 爆品的三高定律之一：高科技

真正的科技不应该成为营销噱头，而是应该让用户听得懂。今天的用户，不会为听不懂的科技买单，只会为听得懂的科技买单。小米做的，就是让用户听得懂产品的科技。

**（1）科技数字化**

科技数字化的第一个作用，是能够提升用户的认知度。把科技的东西以数字化的形式呈现给用户。数据对用户来说，更敏感也更容易记住。例如，美的变频空调广告语为“一晚低至 1 度电”；OPPO 手机的广告语为“充电 5 分钟，通话 2 小时”；小米高端系列电视则是“65 英寸系列、77 英寸系列、82 英寸系列”，开启国产大屏电视的先河。

**（2）科技可视化**

科技，最好是让用户看得见。用户永远相信自己的眼睛，而不是相信你所说的内容。所以，打造一款产品时，我们要做到科技可视化。小米推出透明电视时，有一张产品的宣传海报图。通过宣传海报，展示并突出“透明”这一卖点，把技术可视化。

**（3）科技场景化**

小米电视还在引领行业智能化操控，2017 年首次在电视领域加入“小爱同学”实现语音操控，同时加强 AIoT 设备万物互联，哪怕是老人也能通过语音控制，减少对智能电视的学习成本，科技有温度应该体现在让用户在使用过程中减少麻烦，而不应该增加烦琐的操作步骤。

### · 爆品的三高定律之二：高颜值

**（1）商业模式决定设计风格**

小米为什么会走极简风格？是因为小米的高性价比商业模式，选择了极简风格。小米的产品主打高性价比，简单来说，就是把一切不该要的成本都去掉。极简的核心也在于此，从设计层面讲，就是把复杂的元素、不需要的“成本”去掉。

不同的设计风格，也会将用户区隔开来。小米产品主打极简风格，吸引到的用户大部分都是男性。

（2）简洁不等于简单

小米还率先推出 11 键遥控器，界面布局更简单，引领行业的极简设计风尚。小米在部分遥控器上集成 NFC 功能，手机与遥控器一碰就能实现投屏，这也获得了首批智能电视适老化企业认证，说明小米电视不仅有性价比，也有更多的深度思考，相信未来在国内的销量还会进一步获得提升。

· 爆品的三高定律之三：高性价比

（1）达到用户的期望值

高性价比不是便宜，高性价比应该是用户觉得便宜。一个产品的价格贵还是便宜，是和用户的预期做对比。

价格不等于成本 + 利润，价格应该是用户要花多少钱。小米的价格，就是遵循了一个定价的基本公式：价格≤用户期望值的一半。

就是用户觉得这个产品大概值多少钱，如果实际价格比用户的期望值要低一半，那么用户可能会毫不犹豫去买单。

我们的核心就是怎么去做用户期望值。

用户买东西的时候，心里一定会有一个期望值，这个期望值要么是来自于日常生活经验的积累，要么就是你帮他建立。

小米电视通常的价格区间是 1500 元到 2000 元，但永远是 1999 元卖得最好。其他品牌 55 寸 1999 元，小米就 65 寸 1999 元，尺寸放大，但价格还一样，用户肯定会选尺寸更大的。所以不只是价格，规格上同样可以降维打击。

（2）降低成本

提到高性价比，就要考虑如何降低成本。产品价格要比用户预期的价格便宜一半，那你的成本就要小于 50%。小米的成本目标很简单，就是将目标成本砍掉 50%。大家可能觉得这太不可思议了。企业的共同问题是：我们成本没问题，就是价格卖不上去。

成本的决策因素有四个，分别是：设计、产品、研发和供应链。前三项占总成本的 90%，供应链只占 10%。所以降成本，更多的是从设计、产品、研发的角度出发，砍掉几个功能属性，可能成本就会降 50%，而供应链的砍价空间已经非常小。

# 赢在团队

业绩的背后一定是团队，没有团队，

业绩一定干不出来。

——王冲

战略模式锚定了企业发展航标，团队的高效执行力关乎战略能否落地。

人才是最重要的！创投行业的共识是“投资即投人”。因为风险投资失败至少有一半的原因归于团队。

为何企业如此强调团队的重要性?

这是因为，我们虽然身处于一个鼓励创新创业的时代，中小微企业如雨后春笋不断涌现，然而现实情况是，中小微企业的抗风险能力较差，生命周期普遍较短，要想发展壮大，这些企业必须依靠一支强大的团队来落地战略，找投资，聚资源，抓生产，拓市场。

当今，是新商业文明快速演进的时代，用户需求不断升级、智能化科技产品向衣食住行全方位渗透、AI 技术革命、多种多样的营销媒介导致流量越发无序和难以捉摸……面对新商业带来的新变化，企业必须打造跟得上时代发展脚步、具有现代化企业经营管理理念的团队。

因此，今天的企业，不但要找准企业定位，创新设计商业模式，还要研发能解决用户痛点的产品，提供极致服务。除此以外，如何打造适应当下时代的团队，打造一支忠诚、敢想敢干、善于创造价值的团队是每一位企业家都期待的。

# 一、团队成长之路

企业赢利的核心随着时代的发展不断变化，从产品到流量，从品牌营销到服务营销，从前端赢利到后端赢利……商业模式在不断迭代更新，与之相对应的营销方式也在随之发生变化。

从人力资源角度来说，营销方式的变化，必将带来营销团队的变化。因此，企业要想赢在团队，必须认清当前阶段的营销现实，预见未来可能出现的发展风潮。

## （一）营销观念发展的四个阶段

### 1. 营销 1.0 时代：以产品为驱动

营销就是单纯地销售，营销成为一种说服的艺术。

### 2. 营销 2.0 时代：以消费者为驱动

消费者不再是被动地接受商品，而变成了有独立思想的个体，企业的营收与其宣扬的价值观、履行的社会责任息息相关，“交换”与“交易”转化为了“互动”与“共鸣”，因此企业不仅要重视产品功能研发，还要挖掘产品背后的故事，为消费者提供独一无二的功能和情感的价值组合。**例如，北京电视台的情感类栏目；长虹为“中国制造”掀开了新的一页；格兰仕微波炉独占小家电鳌头等。**

## 3. 营销 3.0 时代：以资源为驱动

产品竞争日趋白热化，产品功能与情感价值营销差异化越来越小，企业单纯依靠广告宣传获得客户越来越难。这时候产品销售从直营逐步转向了渠道销售和代理加盟，通过借助第三方的资源优势迅速打开市场。

# 冲哥说：

**你没有团队，你怎么能做业务呢？业绩的背后一定是团队！你没有团队，你的业绩一定干不出来！你想要增加业绩，一定是不断地疯狂裂变销售团队！**

## 4. 营销 4.0 时代：以大数据为驱动

当前我们所处的数字化时代，信息环境日益复杂化，营销方式也随之发生了变革。利用大数据技术，企业可以对网络上用户的行为、兴趣、消费习惯等数据进行搜集，分析每个用户的属性，深度挖掘用户的需求，进而进行个性化营销服务。同时，通过实时数据分析和反馈，营销人员可以随时了解市场动态，及时调整策略，以期达到更好的销售效果。再者，大数据网络营销改变了以往依赖于电视、广播、报纸等单一媒体进行营销的方式，利用社交媒体、自媒体等多渠道来推广产品与服务，有效提高了信息传播效率，使企业的推广计划变得更加科学化、高效化，更加符合市场和用户的需求。因此，越来越多的企业开始将大数据技术运用于企业的营销策略中，利用海量的数据资源来做出更加精准的市场决策，有效提升营销效果。例如，京东发展的数字化物流，节省分离分拣时间，大幅提升物流效率；美团外卖建立的数字化平台链接了商家、客户和骑手三端平台，节省客户送餐时间，精准测算送餐路径，让骑手最高效率配送。

## 京东数智平台：赋能品牌，聚力增长

当下，数字经济正迸发出引领时代的巨大能力，各行各业蓄势待发迎接新形势、新机遇、新挑战。特别是对企业而言，如何通过数字化转型挖掘更多数据价值，实现降本增效，成为每个品牌商家亟须解决的课题。

京东全新数据策略咨询服务平台，以更智能、简单易用的数智营销工具，更好地支持品牌商家一体化增长。

在“智简经营、稳健增长”的价值主张下，京东数智营销积极探索用户增长、经营增长、营销增长“三位一体”的稳健增长之路，搭建全域数智营销业务布局，实现全域数据共融，支持品牌一体化增长。

**在用户增长层面，**京东营销云基于数据安全，帮助品牌实现全域用户融合、洞察与分层，进而联动广告及平台资源，通过全域触点精准触达，帮助品牌实现全域用户增长，塑造品牌稳健增长的“核心”。

**在经营增长层面，**品牌合作伙伴可首先运用京东商智、商麒进行蓝海洞察、爆品预测，制定货品策略，再结合京东营销云进行全域用户洞察及全域投放提效，最后通过京洞察对产品的用户使用体验进行解析，为品牌优化产品提供方向，以覆盖产品全生命周期的数智能力，奠定品牌稳健增长的“基石”。

**在营销增长层面，**基于京东营销云的数智能力，在全域用户洞察的基础上构建场域，通过策略引擎智能生成投放人群，实现营销的提效。具体来讲，策略引擎可支持全域拉新、复购、大促、礼赠等多元场景，支持模型等多种方式构建策略，覆盖耐消、快消全线货品，通过跨域数据应用，驱动用户和经营的全面增长，打造品牌稳健增长的“助推器”。

# 冲哥说：

**人走在一起不叫团队，心在一起也不叫团队，钱在哪里心在哪里，才是团队。**

## （二）团队发展的五个阶段

如前文所述，随着社会的发展，市场营销观念不断演变，不同的营销时代出现了不同的营销方式和特点，所需要的营销团队也是大相径庭。

### 1.1.0 团队：品牌塑造 + 拜访营销

在以产品为中心的时代，尤其是在早期，网络通信不发达，信息闭塞，企业主要通过品牌塑造来获得客户的信任，营销上主要依靠销售人员一对一地拜访客户进行产品推广。因此该阶段营销团队更看重的是员工的勤奋与吃苦精神，团队业绩的好坏主要取决于团队员工的客户拜访量，团队管理上只能加强对结果的考核，而对日常过程的把控更多的是依赖于员工的自觉性。

### 2.2.0 团队：数据获取 + 电话营销

随着互联网技术的快速发展，互联网很快替代传统纸质媒介成为主要推广媒介，如官网宣传、门户网站推广、百度搜索推广等。推广的同时，借助互联网手段精准地获取到了大量客户信息，如客户手机号码、客户所在地区、客户兴趣爱好等。于是电话营销团队顺势诞生。电话营销的优势非常明显，一是电话营销人员的门槛比较低，只要普通话标准，通过公司统一话术培训即可上岗，用工成本和营销成本均较低；二是省去了拜访客户来回路上的交通时间，尤其是在一二线城市，同样是一天时间，线下客户拜访的人是个位数，而电话营销一天可以沟通几十人上百人，效率提高了几十倍。最后也是最重要的一点是客户成交率高。因为通过互联网精准推广获取的目标客户，基本上都是对相关行业或产品比较感兴趣的，大大提高了客户的精准性与转化率。因此，一段时间内电话营销成为最有效的主流营销手段，电话营销团队也成了企业的核心团队，电话营销团队的规模几乎可以占到公司总人数的 90% 以上。

## 教育培训呼叫中心铸造一支有战力和不屈不挠精神的团队

公司的成就离不开团队建设，其销售团队更为突出。构建所谓使命必达的“狼性团队”是所有企业的梦想。任正非说过：“所谓狼性，就是要有敏锐的嗅觉，不屈不挠、奋不顾身的进攻精神和群体奋斗的决心，强烈的目标导向，不达目的不罢休的精神。”电话销售是企业的冲锋营，肩负着为公司市场开疆辟土的使命，同时又是企业的一张名片，与客户交流的第一位代表。对电话销售团队的要求和培训不能松懈，要打造团队的执行力、战斗力和耐力，培养团队不屈不挠、勇往直前的拼搏精神！

**严格的选人机制。**

选合适的、有用的人，这对企业很重要。

作为销售团队的成员，选人时有几条参考条件：

①机灵睿智是前提条件，头脑不灵活的人就不考虑了，无法胜任这类工作；②做事需要果断，不会犹豫不决；③具有强有力的执行力；④具备良好的职业操守，即道德底线；⑤讲究团队协作，不怕苦，不计较个人得失；⑥有冲锋陷阵的精神；⑦有干劲，遇到挫折不怨天尤人；⑧有持久力，而且时刻能够充满信心。

只有这样有血性、有拼搏精神的人，才能经得起竞争中的厮杀，经得住时间的考验。

**系统的培训机制。**

培训节奏：培训要循序渐进，通过不断的培训深化和强化团队成员的能力。

——激发对方潜在能力，让团队尽情释放能量。

培训内容：从学习合同制度、样品登记制度、交接制度和汇报制度入手，再到信息反馈制度、售后服务制度、与顾客沟通制度和重点顾客档案制度，以及最后的货款回收的结算制度和报销制度等。

——加以专业化、职能化的方式引导，在充分了解本企业和产品的基础上，使之对竞争对手、市场具有足够的洞察能力和信息捕捉能力。

# 冲哥说：

**团队管理要做好三条线：人才线、考核线、检查线，优秀的人员是考核检查出来的。**

公平的管理机制。

目标化：销售团队的工作就是为了达成目标坚定不移地执行指令，做到年度目标、季度目标、月度目标、日目标、小时目标的层层划分，细致剖析，才能在执行的过程中发现问题，抛出解决方案。

数据化：销售团队从领导到基层，都要学会用数据进行分析，反馈市场和用户的问题，为销售方法和营销策略提供数据依据，为目标分解和冲刺阶段提供依据。

会议化：销售会议非常重要，一般分为早、午、夕会，会议上定出小阶段的目标和完成办法，复盘上一阶段结果，先进带落后，销售冠军分享好的销售技巧和办法，刺激其他成员迎头赶上。

肃清化：团队不搞裙带关系，不搞帮派意识，唯才是举，不能任人唯亲，用绩效结果说话。

竞争化：销售团队要分组分队，进行PK，激发团队的荣辱感与斗志，激发团队的团结性和战斗力，让团队在竞争中发现自己的优势与劣势，向着冠军目标孜孜奋斗！

有压力感，有成就感，有团队的向心力和凝聚力，从而达到事半功倍的效果。

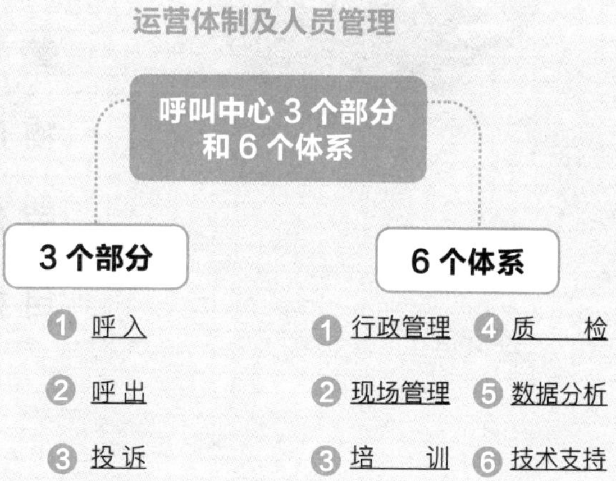

1 人员岗位机制
主　管
组　长
咨询顾问
外呼专员
投诉专员
支持员工
2 人员激励机制
危机激励
培训和发展
机会激励
参与激励
物质激励
荣誉激励
目标激励

# 冲哥说：

**一个组织如果因为利益而成立，肯定走不远；但是如果连利益都没有，这个组织也凝聚不起来！利益、梦想、使命和目标，要成为一个共同体！事情成功的本源在于有多少人把钱交给老板。钱不在，心就不在；心不在，人就不在；人不在，事就不能成！**

**人的成功，不是你想成功，是你身边的人都希望你成功！**

## 3.3.0 团队：广建渠道 + 会议营销

在这个阶段，谁掌握了客户资源谁就掌握了市场。因此对团队的要求也随之发生了重要的转变。仅仅依靠之前的地推客户经理或者是电话营销团队已经远远不能满足市场开拓的需求，尤其是在企业由当地业务向全国业务战略布局的关键时期，拥有地方资源优势的渠道商显得尤为重要。通过各地渠道商的资源优势，借助行业协会、主管部门等资源平台，组织行业论坛、学术交流会等会议活动进行会议营销，极大地提高了营销效率，节省了营销成本，往往能达到事半功倍的效果。这个阶段，企业团队人才发展重心已经从内部营销人员变为外部渠道商及会议营销宣讲人才。

## 美容行业招商：高频开会，快速构建渠道

美容行业招商会主要通过会议形式，向市场介绍、宣传、推广自身的企业实力、品牌文化、产品品相、团队架构、营销模式、教育培训、加盟政策等，通过学习沟通，建立信任，从而达成合作伙伴加盟。招商会可以快速地进行市场的开拓及完成客户的加盟，可以最直观地推广企业形象和扩大品牌影响力，目前在整个美容健康产业、直销行业、新零售行业、电商行业等领域，拥有超高的会议运行率，是厂家品牌在市场推广中的重要的会议模式，也受到越来越多的厂家重视，已成为品牌入驻地区的首要战略内容和手段之一。

招商是每个品牌最关注的一个话题，招商会也是企业开拓市场的最快方法之一。一家优秀的企业，它总会在全年规划当中有计划地做出明确的会议规划，在适当的时期开适当的会议。在企业整个管理和运作当中，应该充分开发潜在的客户群体。同时，也要让老客户进行有力的销售拉动。要想达到这两种效果，就需要创建会议营销平台。因为只有会议营销平台的搭建，才可以有群体的培训教育和沟通交易的成果。

企业运作中，应该选择适合自己的主题与形式的招商会议。一家优秀的企业总会在一年当中推出几次大型的会议，主要类型有：品牌发布会、战略发布会、模式发布会、财富峰会、教育培训招商会、新产品发布会等。总而言之，通过不同的载体和充分的理由让客户认识产品，深爱企业。最后，与企业达成长期合作的目的。

会议平台应该掌握客户需求，尽最大的努力挖掘潜在客户所面临的问题。通过会议集中教育的方式或者一对一、多对一的沟通方式，利用现有的产品、品相、模式、团队、会议内容、教育培训、下沉营销、优惠方案等，解决客户的问题，从而达成合作加盟。

一场成功的招商会也能塑造企业在当地的影响力和美誉度，美誉度就是提升销量最好的引擎，也是营销最好的拉力。所以说将企业的销售定格在几个大的销售会议当中，同时又体现在日常销售返单运营中，这将会有序地保障企业赢利运营。

## 4.4.0 团队：情感价值 + 社群营销

渠道商模式发展了几年，其弊端也逐渐显露。一些大的经销商在当地、行业人脉资源盘根错节，建立了全覆盖的营销资源网络，几乎垄断了客户资源。也正因如此，企业与渠道商的关系在慢慢地发生变化，渠道商不断提高条件，要求越来越苛刻，双方常常会因为代理政策、授权产品、营销规范管理等问题发生分歧，甚至分道扬镳。

与此同时，随着移动互联网的迅速崛起，面对人手一部手机的庞大的消费者流量终端，商业营销快速从 PC 端转向了移动端。这个时期的消费者对新鲜事物的接纳程度已经很高，他们有自己独立的思想和精神追求，相对于品牌或产品，他们更注重情感体验，因此产品背后的企业文化是否与消费者的价值观一致，销售人员能否与消费者产生精神共鸣，成为能否达成销售的关键。社交软件如 QQ 群、BBS、微博等最先成为新时代新媒体营销的主要工具。营销方法也从传统的直击主题进行产品介绍为主变成了先闲聊，亦师亦友，再进行“讨好式”产品推荐。因此社群营销团队更需要的是有耐心、会聊天的人员，要善于挖掘客户的情感价值，能与客户产生精神共鸣，最终通过情感服务，取得客户的信任与对产品的认可。

前期的QQ、BBS、微博等主流社交平台用户还只是局限在“白领”群体，后来微信替代 QQ，把用户从“白领”阶层拓展到了整个社会阶层。社群营销达到了前所未有的高度——微销时代。微销时代的团队颠覆了我们对团队的认知，是营销团队的一次革命。

学员实操案例

## 留下优秀员工最好的方法

王总公司招聘了一批非常优秀的人才，执行力强又能出业绩，但是，这批人才总是阶段性地会离开公司，尤其是做得最好的梯队。他给员工加薪也到了天花板，还是没能奏效。上了王冲老师的课，他懂得了留住人才的核心办法——让优秀的人去开子公司！

王冲老师的课上说道，留住人才必须让他开子公司，让他做子公司的总经理，让他独当一面，让他为自己的事业去奋斗！老板百分之百控股总公司，把子公司的分配比例与员工谈好。

步骤 1 子公司投资 100 万元，公司出资 70 万元，员工作为子公司的总经理投资 30 万元；

步骤 2 子公司投入运营之后，总公司先回本 70 万元；

步骤 3 回本后，分配比例按照总公司 30%、子公司 70% 执行。王总应用了这种分配比例之后，子公司大多数都产生了赢利，不但留住了优秀人才，总公司也实现了稳定的赢利。

### 5.5.0 团队：流量为王 + 短视频营销

随着移动营销时代进一步深化，商业时代发生了翻天覆地的变化，新的商业模式不断涌现，开启了商业模式革命的新时代。在新商业模式背景下，商业的焦点已经不是产品，而是流量。企业经营追求的目标不再是单纯的利润，而是市值。时代变了，商业模式变了，赢利的方式也变了，营销环境发生了很大的变化，团队也随之而变。在这个流量为王的时代，吸引流量单一的营销方式显然已经无法满足流量快速增长的需求，全媒体营销时代已经来临。全媒体时代的特点，一是媒体渠道发生了重要的变化，不仅包括传统的纸媒、电视、网站，也包括当下的微信、微博、公众号、抖音。同时，我们自身已经成为媒体的一部分，或者说人人都是一个小小的“自媒体”。二是受众发生了变化，消费者已经不再满足于单纯的广告推广，而是需要参与感。他们可以留言表达自己的观点，可以发表评论互动，利用各种手段进行反馈、参与，甚至可以加上自己的想法从而变成新的内容源。

短视频营销内容丰富、互动性强、传播渠道广的优势使之越来越火，很多企业已经在短视频营销方面取得较大的成功，短视频营销越来越被企业重视，已经成为这个时代最大的风口，新媒体营销人员、新媒体运营人员、短视频制作人员也成了全媒体营销时代中企业不可或缺的核心人才。**面对全媒体时代，当代企业只有挖掘、培养、重视人才的环境、文化和机制，才能具有时代的竞争力。**

## 飞书短视频：用 2C 的标准做成 2B 短视频业务

飞书是一个 2B 企业，对标企业微信和钉钉，2021 年上半年日活 300 万，抖音粉丝 41 万，视频号同步更新。

- **用 2C 的标准做 2B**

飞书其实在用 2C 标准做 2B 短视频，基础设置、板块运营、内容选题规划方面做得非常标准。背景图整体感非常强，品牌感也非常不错，在首页设置了查看案例、应用下载和联系电话，基本的导流板块、留资板块都有。

- **飞书账号内容框架**

飞书在内容选题框架上主要是三个维度：了解、信任、购买。

第一，客户不了解我们，我们需要输出行业内容和知识帮助他获取信息，同时让客户更加理解业务，这是“了解”。第二，相不相信公司的产品和解决方案能给客户带来价值？信不信任公司的背景？有没有了解到公司的实力？比如说谁投资我们？服务的客户有哪些？哪些是标杆案例？这是让客户“信任”。第三，怎么引导客户留资然后成交，这是“购买”。

- **飞书选题：垂直、精准**

飞书的选题基本是垂直、精准的。一是业务内容垂直，二是面向人群垂直。飞书做了大量在不同的场景怎么解决企业管理协同问题的内容，基本是解决用户的问题。后续发布的内容中会含有留资引导。

- **线索获取路径**

在内容获取线索的路径设计上，飞书有两条线。

一条线是单条内容，另一条是首页内容展示。单条内容里面有预约顾问，会填一个简单的线索表单，就是手机号和验证码。在首页里面有线索表单、应用下载或运营商店、400 电话。这个过程中会留比较详细的信息，比如姓名、企业名称、行业、人数、场景、职务、联系电话等。

**冲哥说：**

**你把焦点放在哪儿，员工的重点就在哪儿。**

学员实操案例

## 短视频卖茶叶，一晚热销 100 万元

林总做茶叶生意，有两座茶园，之前有 50 位员工，一年营业额有 1000 万元。短视频的时代风口来了，林总结识了王冲老师后，也搭上了短视频的快车，现在一年营业额有 8000 万元，员工却只有 5 位。

**引流策略**

步骤 1 原定价 399 元 / 半斤、599 元 / 斤的茶叶，在短视频上只卖 39 元和 59 元；
步骤 2 客户购买低价茶叶，体验口感。

**模式变现**

步骤 1 购 1000 元茶叶的客户，可以享受 1000 元抵 2000 元的活动；
步骤 2 赠送 1280 元景德镇茶具一套；
步骤 3 购物满 5000 元的客户，可享受 1 万元的茶叶；
步骤 4 再赠送 5980 元红木茶台。

## 冲哥说：

**新媒体团队比你现在的营销部要强大十倍甚至百倍，传统的企业营销组织已经没有战斗力了，适应不了当下的时代竞争。企业应该建立新媒体事业部，划分为三个部门：一个是新媒体运营部，主抓信息流，主要做好短视频；一个是新媒体市场部，把信息流转化为客流；一个是新媒体服务部，把客流转化为现金流。**

## 二、新型组织

组织架构对于企业战略布局及日常管理甚至业务收入都起着至关重要的作用。对于传统企业的组织架构设置，大多数人头脑中都有清晰的思路。然而，新商业模式下的组织架构应该是什么样的？答案是：区别于以产品为核心的传统商业模式，新商业模式是以商业模式本身为核心，因此必须搭建与商业模式需求相一致的团队，制定高效的激励机制进行驱动，然后通过多种方式或渠道实现变现。

### （一）传统团队：总经理 + 电话销售 + 渠道销售 + 产品策划

传统商业模式以产品为核心，以电话销售和渠道销售为主要营销方式，这就决定了传统团队核心组成是产品策划人员、电话销售人员、渠道销售人员。传统企业的老板往往也是企业的总经理，其作为企业的带头人，个人业务能力、资源人脉直接决定企业经营的好坏，这也就是为什么说传统企业老板就是最大的销售。

因此，传统团队是以总经理为最高决策大脑，电话销售、渠道销售和产品策划三驾马车并行的组织架构。

学员实操案例

# 新经济时代，传统制造业该怎么做？

李总从事制造业，主做老水泵产品，可是由于李总长期不在公司坐镇，公司业绩一落千丈。这一系列变故让李总深受打击，就在这时候，李总通过朋友的介绍来参加王冲老师的课程，他回到公司运用以下几招，使企业发生了巨变。

**招数一 合伙人**

步骤 1 交纳 30 万元保证金成为城市合伙人；
步骤 2 完成一单给到 30% 的分红，并退还本金；
步骤 3 一年时间到期后没有完成订单也将本金全部退还。

**招数二 搭平台**

步骤 1 免费邀约合伙人到长沙，上午参观工厂，展示企业实力；
步骤 2 下午举办招商会，向合伙人展示团队，讲解合作方式和方案；
步骤 3 晚上举行晚宴，进一步促单；
步骤 4 第二天早上已成交客户到李总公司洽谈合作细节，签订合同。

**招数三 同心多元化**

步骤 1 从原来单纯的水泵升级到围绕水的二次加压设备；
步骤 2 生产净水设备、污水设备，对行业产品进行垄断；
步骤 3 建设智慧泵房，用云管理、大数据为各类工程提供智慧供水解决方案。

**招数四 区域切割**

步骤 1 沿着“一带一路”线路部署业务；
步骤 2 开发柬埔寨、缅甸、越南、老挝等东南亚国家市场，招募海外合伙人；
步骤 3 在东南亚成立分公司。

李总通过内部融资不仅解决了公司的现金流问题，还筛选了优秀高管和员工，如今年入过亿、布局全球、稳健发展。

## （二）新型团队：招商加盟 + 新媒体营销

新型商业模式以流量为核心，以共赢为战略，以资源裂变和团队激励为手段，外部通过招募合伙人拓展营销渠道，内部则通过社群营销进行流量变现，线上线下双轮驱动，快速占领市场。

因此在新商业模式下，合伙人招募与打造私域流量成为企业发展的重中之重，而合伙人和新媒体运营团队也成为新型企业组织的核心。

## 1. 合伙人

新型组织架构中的合伙人主要是指企业邀请个人参与企业经营，以合伙人的身份销售企业产品，获取一定比例的佣金。合伙人分内部合伙人和外部合伙人，内部合伙人通过招聘招募，外部合伙人通过招商招募。

## 冲哥说：

**钱在哪，心在哪；心在哪，人在哪；钱不在心不在，心不在人不在。**

**（1）内部合伙人**

内部合伙人是指让员工缴纳少量的合伙资金或不缴纳合伙资金，成为公司或项目的事业合伙人，独立核算或模拟独立核算，低底薪或无底薪，高提成（或者利润的大部分都归员工），让公司变成一个平台，每个员工成为“老板”，多劳多得、少劳少得，员工与公司利益深度捆绑，公司经营效益好，员工可以拿到高额提成、奖金或分红；公司经营效益差，员工与公司共渡难关，员工只拿最少的基本工资，这样不仅提高了公司的抗风险能力，同时也会极大地调动骨干员工的积极性，更有利于公司的发展。

内部合伙人机制的建立，应把握“有效鉴别、差异激励”八字箴言。横向层面，有效区分出资合伙人、技术合伙人、资源合伙人、骨干合伙人（骨干员工）四种合伙人类型。在考核上，注重“股权清晰，分工明确，目标共识”原则。

如何实现股权清晰？核心要义是确立大股东及普通股东，切忌股权一致，绝大多数股东拥有股权比例相同的公司，决策都是低效的。同时，增资股份预留给未来的合伙人。

要做到分工明确，推崇由骨干合伙人掌管企业经营权，比如万科建立在职业经理人制度之上的事业合伙人机制，可以避免企业被资本绑架，失去战略方向。

纵向层面，有效区分合伙人、高级合伙人、创始合伙人。在一个成熟的组织内，合伙人、

学员实操案例

## 内部合伙人机制，年营业额 10 亿元变 70 亿元

王总做爱登堡的电梯产业，原来的做法是在全国广招代理，收取代理费，年营业额做到 10 亿元。经过课程学习，他通过内部招募合伙人机制，将营业额做到了 70 亿元。

**学员实操**

步骤 1 筛选 30% 优秀的代理成为内部合伙人，交保证金；

步骤 2 再帮内部合伙人做他们的合伙人方案，使其裂变；

步骤 3 再拿出一部分保证金作为期权分红，与合伙人深度合作；

步骤 4 3 年后跟合伙人成立子公司，分红自动变为注册公司的股份。

高级合伙人、创始合伙人由于身份的不同，激励机制必然是不同的。以合伙制模式非常成熟的律师事务所为例，对于一个案件办结后的提成比例，高级合伙人与合伙人有着明显的区别，合伙人与普通律师有着明显的区别。这种体现在提成比例上的差异带来的是直接的物质激励。

创业公司后面的出路，必然是找到更多的“内部合伙人”，这才叫“风雨同舟，同甘共苦”！不管是大公司、大代理商，还是中小微厂商，都会选择这条路，都会加快“内部合伙人模式”的推进力度，这是大势所趋。企业如果继续沿用以前旱涝保收式的组织架构，最终得到的很可能是一个不思进取、没有战斗力的团队。

### （2）外部合伙人

所谓外部合伙人是指通过合伙人模式使企业外部一切有资源、有资金、有技术、有智慧的相关人员及组织发展成平台合伙人，从而解决企业持续赢利能

学员实操案例

## 珠宝公司合伙人裂变，业绩翻番

丽总经营一家珠宝公司，原来采用传统的雇佣人员销售珠宝、赚差价的模式，生意惨淡，人员还不好管理。她采取合伙人模式后合伙人越来越多，业绩也大幅增长。

步骤 1 合伙人交 5 万元珠宝保证金。

步骤 2 给合伙人 5 万元珠宝，包含所有珠宝的品类。

步骤 3 赠送 15 万元门店课程，包括如何开店、获客等方面的内容。

步骤 4 珠宝可以戴、可以换、可以退。1 年后如果不想做合伙人了，退回珠宝，交 5% 的佩戴费，也就是戴了 1 年喜爱的珠宝只花了 2500 元；第 2 年退交 7%；第 3 年退交 9%；第 4 年退交 11%；第 5 年退交 13%；第 6 年退交 15%；第 7 年退免费。珠宝全部退回，5 万元保证金退给合伙人。

步骤 5 合伙人再推荐 1 个合伙人，返佣金 20%。

步骤 6 合伙人在合作期间可以卖其他品牌的珠宝，营业额不超过 200 万元，营业额按各自 50% 比例双方分配。

力不足的问题。持续赢利才是企业最高的战略。

企业发展外部合伙人有多种益处，比如帮助企业降低成本。对于企业来说，经营当中最大的成本是拓客成本和销售人力成本。对于一家想要快速发展的企业，人脉资源的自然裂变是企业最低成本的获客方式。对于自身员工，企业是必须付薪酬的；而对于外部合伙人（也是我们的虚拟员工），企业无须支付薪酬，只需设置合理的分成制度，即可激励他们帮助企业以最低成本的方式快速拓客。所以，我们才要招募外部合伙人。

外部合伙人能帮助企业提高业绩。企业要迅速发展，保持一定规模的业绩非常重要。在设计了良好的激励机制下，外部合伙人能够充分发挥主观能动性，释放销售能力，为企业带来销售流水的增长。

## 外部合伙人的招募方法

### a. 同业招商，持续招募合伙人

同业招商是指在同一个行业招募合伙人，这种合伙人有别于彼此松散的合作关系，而是品牌绑定，利益绑定，标准化产品、价格、经营策略等深度绑定的紧密合作关系。换句话说，一旦双方签约成功，合伙人即成为品牌的主人，参与品牌建设，享有品牌收益，成为品牌受益者。反过来，他们也将承担积极对产品或服务进行市场宣传、推广和销售并产生复购的责任，而且不能扰乱市场价格、不能违背企业战略、不能给企业标准化经营制造麻烦。传统的白酒行业将同业外部合伙人发挥到了极致。众所周知，我国是全球最大的白酒生产国和消费国，每一个地域对白酒的口味偏好均有所不同，“何以解忧，唯有杜康”“一部豫酒史，半部白酒史”。对于一个新品牌或者中小型白酒品牌来说，进入一个新市场既面临本地酒挑战，又面临消费者口味的挑战。这两个问题以前由招募的经销商来解决，而近年来在当地招募合伙人的形式备受行业推崇。

## 招募外部合伙人的步骤

**确定可执行方案**

很多企业项目做不起来最关键就是选人出了问题。要想项目实施落地，必须找一个有类似经验且执行力强的人来对接。在项目实施之前，需按照筹备期、活动前、活动中、活动后复盘制订详细的落地方案。

**文　案　策　划**

任何涉及宣传的线上物料或者线下物料，都必须经过框架策划、文案策划、图片创意等。

**招　募　合　伙　人**

确定好招募条件，通过海报、官网、分发活动在线上和线下宣传招募。需要注意的是，合伙人机制运行一段时间后要对其进行评估、推进。

**合　伙　人　加　盟**

通过商城设置产品拼团及佣金分配。

**持　续　运　营**

负责后台的运营、搭建与更新，以及订单处理或核销、合伙人的佣金分配、佣金发放和软文推广等。

**b. 异业合作，扩展更多的合伙人**

异业合作的意思是，整合双方在各行各业中已有的资源，共享用户、科技、平台、渠道、信息流、大数据等，实现双方资源互通，优势互补，共创共赢。此举不仅能减少企业营销成本，提升销售效率，实现双方及双方用户的利益最大化，还能够降低企业经营风险。

寻找合伙人应该有清晰的合伙人画像，要有相关的资源关系。

最常见的例子是，比如我们是一家特色餐厅，可以寻求和音乐学院合作，举办主题音乐酒会，让顾客不仅享受美食，还能欣赏到美妙的音乐，成为一场美味与艺术的完美盛宴。

在消费品行业，这种异业合作极为常见。比如手机，vivo X90 联名礼盒是 vivo 与肯德基合作推出的一款特别定制版手机；Redmi 与哈利 · 波特联名合作推出了 Redmi Note 12 Turbo 哈利 · 波特版；一加 Ace 2 原神定制版是一加与热门游戏《原神》的跨界合作产品；OPPO 推出了 OPPO Reno10 Pro 英雄联盟手游定制礼盒；等等。这种异业合作为双方的用户提供了特殊的产品体验，也扩大了合作双方的品牌影响力和市场份额。

在企业经营过程中，既有上述单次或者浅尝辄止的异业合作，也有基于商业模式与核心优势的深度合作。比如北京嘉德投资集团旗下拥有地产、资产、资本、艺术、海外五大业务板块，秉承“合作共赢、追求卓越”的发展理念，其旗下公司与首农集团、王府井集团、北京一轻等知名企业进行异业合作。

而在直播电商领域，大主播一般都是拥有供应链整合能力的人，他们的秘诀是把仓配服务交给云仓供应链，共享他们的仓储服务、配送服务、技术支持、售后服务、增值服务等一站式服务，由此大大解放了双手，专注于为粉丝提供顺畅的线上与线下跨渠道购物体验。而对云仓商家来说，探索出“前云后仓”新模式，比如以获评全国数字化仓库试点的罗滨逊智慧云仓为例，基于 EnzoMesa 数字中台链接京东、淘宝、拼多多等传统电商和快手、抖音等电商直播平台，将消费端订单数据与云仓管理系统同步，为电商直播创业提供货物一站式存、拣、配合托管服务，实现供应链线上、线下融合，目前合作商户上百家，年发送订单量 1000 万单以上，完美快速地获取了直播电商红利。

# 冲哥说：

## 老板错过短视频，将错过整个时代。

### 2. 新媒体运营团队

随着微博、微信、抖音等社交软件的风靡，移动互联网营销成为当下最有效、最受欢迎的营销方式。新媒体运营也越来越被企业所重视，对新媒体运营团队提出了更高的要求。新媒体运营就是通过小红书、微信、微博、快手、抖音等新兴媒介平台进行信息传播、品牌营销、广告推广、产品销售的运营方式。

企业想做好新媒体，就要了解新媒体平台和用户运行机制。

**平台层面**

新媒体加强评论、点赞、转发的交互性，弥补了传统媒体信息的单向传播的劣势，在媒体技术的支撑上，新媒体通过移动互联网技术、大数据技术和社交网络技术营造出与传统媒体完全不同的获取信息、交流交友的体验氛围。

**新媒体平台和用户运行机制**

**用户层面**

用户的个性需求、情感需求、社交需求通过平台的创新举措得到极大满足。对企业来说，做好新媒体运营，可以借助于新奇而富有创意的内容，以较低的成本甚至零成本在新兴媒介平台上推送企业品牌或产品信息，增加曝光度，提高用户参与度，利用粉丝资源完成企业品牌或产品的线上营销推广任务，实现信息传递、用户互动和商业运作。

一般而言，体系相对完整的新媒体运营团队至少包括如下岗位。

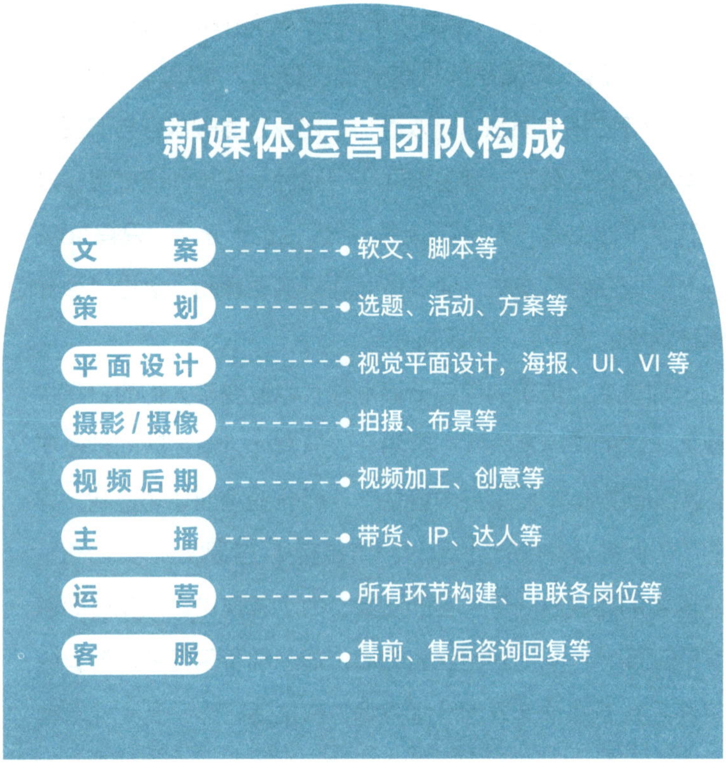


新媒体运营团队如何生产内容呢？

如果是微信公众号、小红书，则文案和策划人的角色更为重要；

如果是抖音、快手、视频号，则会凸显策划人、摄影摄像、视频剪辑师的作用，从短视频制作到直播宣传、直播带货，新媒体运营的流程越长，对于新媒体运营团队的岗位数量、人员数量要求就越多。

以东方甄选新媒体案例为例，在定位上，东方甄选的目标用户是以城市年轻群体、中等收入家庭为主的中高端市场，五常大米、牛排等选品满足用户的高品质需求。在内容上，董宇辉、顿顿、YOYO、明明等主播素质强，将双语、文化等方面的内容与产品紧密结合，有趣有料又有关，容易增强用户黏性。在赢利模式上，东方甄选没有像其他主播一样收坑位费，且佣金也十分低，只有15%而已，同时采取高定价方式，通过做大规模实现赢利，这也是为什么东方甄选瞄准的是中高端市场所在。

新媒体的出现改变了传统的信息传播形式，也改变了人们的日常生活。新媒体运营的信息量太大，容易导致新媒体运营团队的定位不够准确。比如新媒体本质上是内容生产，而一些企业急功近利，导致生硬的广告偏多，忽视粉丝积累过程直接卖货，容易将账号“做死”；为了追求内容的容量忽略了内容的质量，为了展现内容的宽度而忽略了内容的深度；一味追求粉丝量的增长却忽视了目标客户的有效性……最终导致新媒体运营团队瞎吆喝、白忙活，达不到企业营销的目的。

因此，企业以及企业的新媒体运营团队的思想认识很关键，不仅要关注新媒体营销形式的潮流变化，同时要关注作品的潜在用户和预期目标，形成企业需要的独特风格，才能脱颖而出获得流量。

理想的新媒体运营团队，要富有创造力和前瞻性，将自己的视野放在企业战略、社会发展层面，而不只是当一个螺丝钉，做好本职工作。在团队的整体能力上既可以惺惺相惜，又能够势均力敌。一起打造成行业中的内容运营引领者、活动运营引领者、用户运营引领者。

学员实操案例

# 短视频每天亏 1000 元，引流 1000 个，营业额增 10 倍

苏总跟王冲老师一起搭建了一个专卖小饰品的账号。

步骤 1 做流量：从义乌小商品市场进货一件小饰品 5 元，物流费用 2.7 元，一件商品发货合计 7.7 元。为引流，在短视频平台售卖一件价格 1.1 元，每天卖 1000 件，无须投入费用，就靠自然流量做播放。（一单亏损 6.6 元，每天亏损 6600 元）

步骤 2 信息流：因为低价引流政策，吸引了用户到账号抢购商品，由此产生了账号的信息流。

步骤 3 客流：账号的客服将这些过来的信息流再转化为私域空间的客流，开始销售 199 元、399 元和 1299 元的商品。

步骤 4 现金流：销售 1299 元产品，按照 50% 的利润率，只要成交 10 单，当天就回本。11 单以上的成交额，就是团队的利润。

## 三、团队激励

团队激励是指通过各种手段和方法，激发团队成员的工作动力和积极性，以达到团队目标的过程。与个人激励相比，团队激励更注重整体团队的发展和成长。

团队激励在现代组织中扮演着重要的角色，对于组织和团队的发展至关重要。它能够激发团队成员的工作热情和积极性，提高团队的整体效能，促进团队的凝聚力和协作能力。

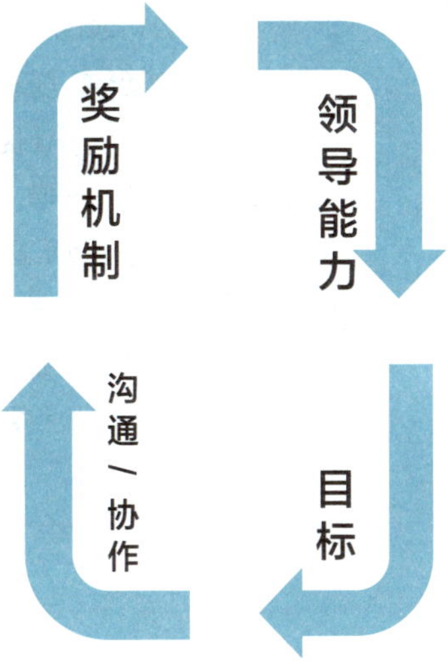

### （一）团队激励的重要因素

设定明确的目标、有效的沟通与协作模式、合理的奖励与认可机制以及领导者的角色和影响力，可以激发团队成员的工作热情和积极性，提高团队的整体效能。在实践中，企业应该重视团队激励的重要性，并采取相应的方法和策略，为团队的发展和成长创造良好的环境和条件。

**珠宝公司：**
**用合伙人模式提升员工幸福指数，让员工在公司创富**

东方晓鸣珠宝是一家传播玉文化、经营翡翠饰品、玉雕制品的珠宝公司。公司通过改革与创新，提升员工“幸福指数”，造就了一支具有凝聚力的团队。随着互联网的发展，公司发现客户逐渐转到了线上，于是，公司放手让优秀员工大胆尝试新媒体直播。从直播间 0 人，到今天的业绩暴增，通过矩阵式直播，让信息流变成了客流。

另外，公司把员工直接变为合伙人，设计合伙人模式，通过直播带货、发展会员等，让合伙人直接实现赢利。直播间的利润，公司大部分直接让给员工，鼓励员工在直播间大胆创新，让员工在直播时代实现了财富的增长和裂变。

# 冲哥说：

薪酬应该是动态的，传统公司给员工薪酬是这样设计的：销售底薪 4000 元，业绩是 0 只拿底薪，业绩 30 万元、50 万元和 100 万元就有底薪加绩效，这样的薪酬对员工来讲已经没有足够的吸引力。

新的公司薪酬应该这样设计：从底薪开始就是动态的，底薪 1800~8000 元不等，业绩是 0 的，底薪只有 1800 元，业绩 30 万元、50 万元和 100 万元的，底薪和提成全都梯度增长。

动态的薪酬就是没有人拿固定的工资，都是浮动可变化的，干得多拿得多，干得少拿得少，而不是大家都拿固定工资。

财务部门的薪酬同样有激励政策，比如帮助公司实现贷款有奖励；帮助公司申请政策资金支持也有奖励；帮助公司返税，还有奖励。因为公司给财务修了一条致富的通路，财务人员也变得积极起来，不再死守账本，而是为公司的经营发展做考虑。

这样的薪酬机制，让财富与员工绑定，公司何愁不壮大啊！

# 冲哥说：

**好心态是好事业的前提，一个没有好心态的人是不可能有好事业的。**

### 1. 明确的目标和任务

团队成员需要清楚地知道团队的目标和任务，以便能够有针对性地为企业奋斗和努力。

### 2. 有效的沟通和协作

团队成员之间需要进行良好的沟通和协作，共同解决问题，提高工作效率。

### 3. 合理的奖励和认可机制

企业给予团队成员合理的奖励和认可，能够激发他们的积极性和工作动力。

### 4. 领导者的能力和影响力

领导者在团队激励中作用巨大，他们需要展现出良好的领导能力和影响力，以树立标杆，激发团队成员的工作热情和积极性。

## （二）团队激励的方向

### 1. 激发团队士气

鼓励和赞美是激发团队士气的重要方法，通过及时表扬和赞美，可以让团队成员感受到被重视和认可。

### 2. 激发团队合作

团队建设活动是激发团队合作的有效方法，通过组织各种团建活动和培训，可以增强团队成员之间的凝聚力和协作能力。

### 3. 激发团队创新

鼓励新想法和试错文化是激发团队创新的重要方法，团队成员需要有发表和尝试新想法的自由和机会，以促进团队的创新和进步。

### 4. 激发团队互助、团结的精神

团队协作能力，是指建立在团队的基础之上，发挥团队精神、互补互助，以达到团队最大工作效率的能力。

## （三）激励机制

在新商业时代，“企业是我家，发展靠大家”，要发扬牺牲小我成就大我的精神。因此，现代化企业在用人和建立人才激励机制时，必须做到识人要准、用人要能、奖人要重，让有才能的人为企所用、竭力所用、持久所用。

**冲哥说：**

**收钱才能收心，收心才能收人，收人才能成事，成事才能成人。**

**学员实操案例**

# 通过虚拟利润奖励法，实现年度 8 亿元业绩目标

王老师通过打造团队利益共同体，实现年度 8 亿元业绩目标。那么王老师是如何操作的呢？第一，王老师将 1200 万元对虚拟利润分配给各部门；第二设定全员共同年度业绩目标底线 8 亿元。如果团队达成 8 亿元业绩目标，则公司拿出营业额的 2 个点即 1600 万元进行全员分红，其中包含 1200 万元的虚拟利润和 400 万元的对赌分红。400 万元是直接业绩对赌，即员工定多少万元目标达成，产生业绩后就给员工多少万元奖励，如果员工未定目标，即使产生业绩也一分奖励都没有。1200 万元虚拟利润按部门分配，如王老师公司有四大部门：运营部、市场部、客服部、后勤部门（行政、人事、财务），四大部门分配比例为 3∶3∶3∶1，客服部可以分得 1200 万元乘以 30% 为 360 万元，客服部的目标同团队的整体目标一致为 8 亿元。客服部员工每个月可分得的虚拟利润奖励为他的业绩除以 8 亿元乘以总分配额 360 万元。如果一个客服 8 月份完成 800 万元的业绩，那么他可以分得 3.6 万元的虚拟利润奖励。如果团队整体 8 亿元的目标达成，则员工可分配对虚拟利润兑换为现金奖励；如果团队整体 8 亿元的目标没有达成，那就无法兑换。所以已经领到几万几十万的员工都很拼命，他们都希望公司能达成 8 亿元的目标，因为他们不是在为公司奋斗，而是在为自己的利益和目标奋斗，大家是一个利益共同体。

## 5 个需要层次

在具体的商业实践中，虽然不同的企业有不同的激励机制，但是按照马斯洛需要层次理论，激励机制归根到底不外乎是对名、利、权的激励，包括如下三种激励形式。

## 1. 物质激励

这是一种浅层的却有效的激励方式，比如通过提升工资、津贴补助、股权分红、住房补助、休假等方式满足员工的需求，调动员工的积极性。需要注意的是，越是高级人才，单纯的物质激励越能表现出较大的缺陷性。

只有利益共同体才有事业共同体，王老师独创物质激励的六大激励方法：倒扣法、捆绑法、六三一法、银行利息对赌奖励法、增额增量奖励法、虚拟利润奖励法。比如六三一法，就是把薪酬 60% 固定，30% 与员工的业绩结果挂钩，10% 与公司的业绩目标挂钩，把公司所有的人变成利益共同体，不怕员工不努力。

## 2. 精神激励

相对于物质激励，这是一种隐性的激励方式。一般包括培训激励、目标激励、情感激励、信任激励、荣誉激励、榜样激励、挫折激励等，以此来满足人追求被尊重的情感需要，提高员工对企业的归属感、认同感，并不断满足员工自我价值实现的需要。

## 3. 晋升激励

企业的管理者将员工从一般的职位提升到更高的职位，同时赋予他与新职位相一致的权力和责任，是对人才一种非常好的激励措施。企业有发展，人人都有发展。在企业发展过程中，员工也可以晋升为领导者。

公司要大规模发展需要领导人才。那我们怎么知道一个人是不是领导人才呢？其实非常简单，会招人的人就是领导。有的人自己从来不做业绩，但是他的业绩很好，为什么？因为他能找一群可以做好业绩的人。比如，你招三个员工你就是经理，这三个人需通过公司的业绩考核。同理，你能招三个合格的经理你就是总监，你能招三个合格的总监你就是副总。通过这种晋升激励，可以快速实现领导裂变，进而提升团队业绩。

这三种激励机制在不同的行业中有不同的表现形式，比如在传统制造业，基层员工占比较大，所以采取物质激励更为有效。而互联网企业属于知识密集型企业，除了高薪之外，对员工更侧重股票、期权、销售分红、流量分红以及精神激励等。按效果的长久性激励机制又可分为远期机制、短期机制；按企业的经营模式又可分为生态机制、承包机制；等等。总而言之，激励机制之于企业是一种用人方法，之于员工是一种需求满足，企业结合自身情况来尽最大努力满足员工需求即可。在互联网时代，信息爆炸导致信息差缩小，企业与用户的边界变得模糊。企业要想成功就要为用户创造价值。这时候团队的作用愈发明显，因此企业需要破除层级关系，根据团队的意愿、能力、承担的责任、创造的价值进行激励。

### 大型互联网公司人才培养：“管理、专业双通道”机制阶梯式培养人才

大型互联网公司因业务触角遍布多个行业领域。员工多，在员工个人成长方面，公司设置了“管理、专业双通道”机制。

该公司拥有1000多门课程，既对内也对外。而且公司课堂也是一个员工分享交流的平台。有分享意愿的员工通过评估后，就可以成为课程讲师，在平台分享；同时，资深员工也可以通过内部知识咨询平台，传递知识经验。公司为校园招聘和社会招聘的新人提供差异化岗前培训，帮助他们快速适应工作环境。

在专业能力培养方面，公司根据员工的专业领域、职级和职位的能力需求推荐学习资源，员工可以按自己的兴趣、需求和不同的发展阶段选取合适的课程和学习方式。

最后是领导力培养，公司基于ALL in领导力模型[以文化价值观（正直、进取、协作、创造）为模型基座，加上三大核心能力：Insight洞察，Inspire点燃和Win突破]的领导力发展路径。可以看到整个领导力培养，尤其是基层、中层上，会有比较高的自由度，员工可以根据特定发展需求进行自选课程学习。

值得一提的是，公司对战略解读项目高度关注，举办多场战略解读会，以更好推动战略落地。

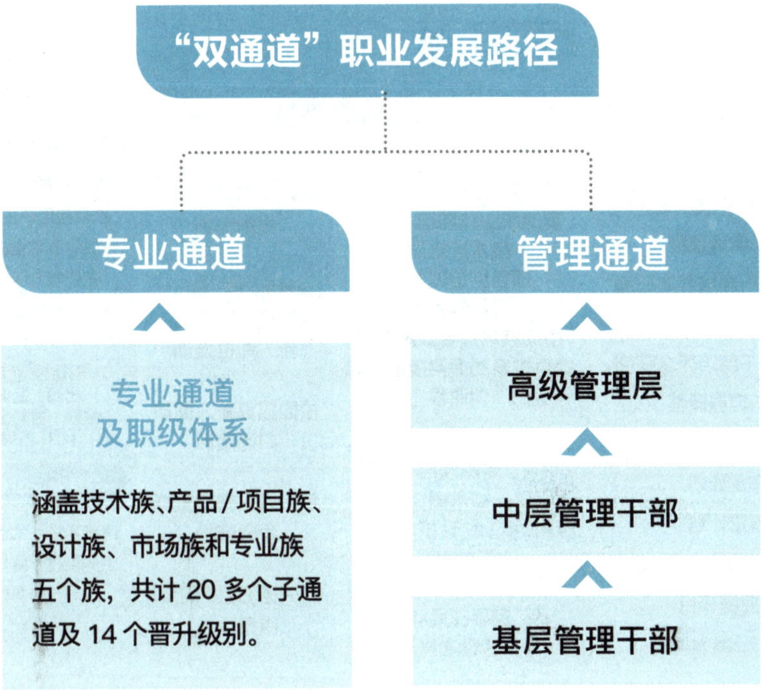


## 四、机制升级

在新商业时代，激励机制进行了升级，发展成为一种以产品为主线的利益共同体价值分享的机制。这种机制是基于商业模式的精心设计，贡献评判标准是关键，在实施过程中不要求绝对的公平，是一种需要进行协商、互惠、让利的共创共享机制。具体体现在如下四个方面。

## 培训体系总览图

| | 课程体系：干部培训 | 课程体系：职业培训 | 课程体系：新人培训 | 对外 |
|---|---|---|---|---|
| 课程体系 | 基层管理干部培养之在岗<br>组长自选课程<br>基层管理干部培养之在岗<br>总监自选课程<br>中层管理干部培养之在岗<br>中干自选课程 | 针对不同专业族群提供丰富的职业技能培训课程<br>技术族培训<br>项目族培训产品<br>设计族培训<br>市场族培训专业族培训<br>提供丰富的通用技能类培训课程 | 社会招募新人<br>岗前培训<br><br>各事业群 (BG)<br>展开针对性的<br>新人岗位培训<br><br>校园招募新人岗前<br>封闭培训<br><br>新人融入辅导支持<br>导师辅导<br><br>新人回归系列活动<br>腾讯达人 | **数字化同行计划**<br>组织与管理主题研修班<br>产品与用户主题研修班<br>行业与数字化主题研修班<br>在线学习平台及课程<br>**行业高管学习项目**<br>SaaS: 企航学堂<br>出海：远洋计划<br>金融：智慧金融学堂<br>HR: 首席计划<br>**公益 & 企业社会责任**<br>追光学堂：梦想教室建设<br>追光课程：急救 / 职业梦想课程<br>梦想教师培训 |
| 经典项目 | 育龙计划<br>潜龙计划<br>飞龙计划<br>产业圈项目 | 专家项目<br>技术周<br>Deep Tech 技术沙龙<br>Talk 8<br>Better me<br>高手在民间<br>名家之声 | | |

# 冲哥说：

**一个公司没有战斗力，就是薪酬设计有问题。**

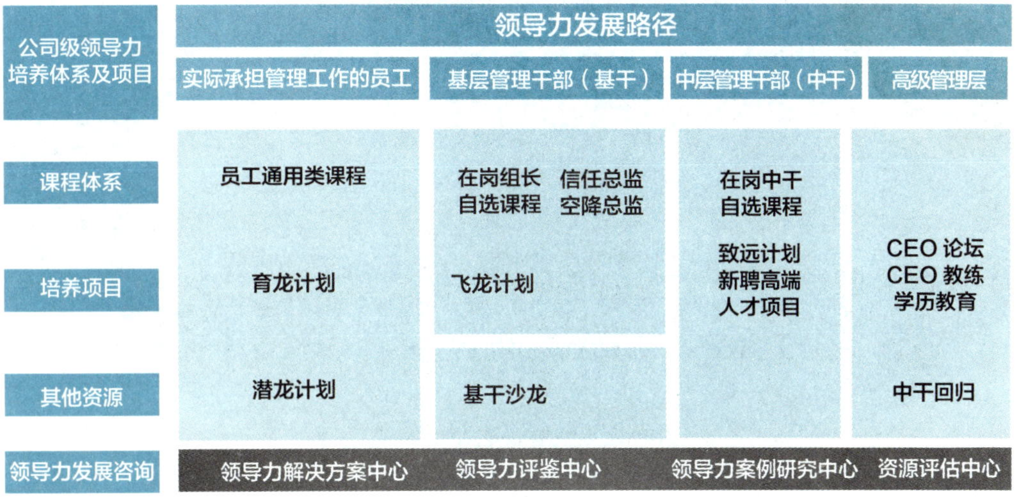


## （一）因岗定考，差异化考核

在企业里，每一个项目在组建团队时，都需要根据项目特点设计岗位角色，不同的角色承担不同的职责，完成不同的工作内容，对应不同的考核。比如员工的考核重心是具体工作实施计划与目标，需按照工作计划逐一考核目标完成情况；经理和总监的考核指标是业绩，需要查看数据报表，做好数据化管理，做到赏功罚过；总经理的考核重点是利润，他的薪酬、奖励都跟利润有关，没有利润就没有奖励；老板虽然不参与考核，但是他们需要做好现金流，现金流是企业老板最重要的责任。

如果按行业来差异化考核，传统行业一般采取相对评价法（员工前后比较和员工两两比较）、绝对评价法（一般包括目标管理、关键绩效指标、等级评估、平衡记分、绩点等方式）、描述法（360° 考核、特定事件评价）、目标绩效考核法（自上而下进行总目标的分解和责任落实，区分部门考核指标和个人考核指标，能够从机制上确保上级能够积极关心和指导下级完成工作任务）。

学员
实操
案例

## 简单落地的司机薪酬机制

王总有一个学员，反映其公司的司机工作没有积极性，尤其是晚上不想开车。经过了解，王总发现是分配机制出了问题。司机工资是 8000 元每月，出车次数多少都是 8000 元，所以司机宁愿不开或尽量少开。于是王总给出了一招——调整司机薪酬机制，将原来的固定工资 8000 元拆分成岗位薪资 5000 元和里程补助 3000 元，里程补助是变动的，多开多得。经过测算，2021 年某司机总共开了 1.8 万公里，平均每月开 1500 公里，所以测算出里程补助标准为 1 公里 2 元。从此司机极大地提高了积极性，主动要求多开车多接人，因为开得越多拿得越多。

新媒体行业的考核内容更能够以数据说话。粉丝数量和互动量、内容质量和创意度（点赞、观看、阅读、分享、评论数据）、信息流的投放产出（转化率和投资回报率）、客户满意度指标、客户答疑响应效率等，几乎都可以从数据上看得一清二楚，考核更为公平。当然，企业的新媒体运营团队考核标准的制定应该是一个持续、动态的过程，需要根据新媒体形式进行更新与升级，以此进行科学、合理、有效的绩效考核与激励。

### （二）设定高提成，激发员工潜力

在一个团队中，每个员工的潜力都是无限的。然而，如何激发他们的潜力并使其充分发挥出来是一个关键问题。团队领导者需要找到一种方法来鼓励和激励员工，让他们积极主动地投入工作中。其中一个直接有效的方式就是设定高提成奖励。

首先，设定高提成可以给予员工明确的目标和奖励。当员工知道自己有机会获得更高的报酬时，他们就会更加努力地去完成任务。高额的提成不仅可以满足员工对物质利益的追求，还能够增强他们工作的积极性和责任感。

学员实操案例

## 如何让员工变成合伙人

例如你交 1 万元成为我的创业合伙人，我给你 30 张会员卡，每张会员卡 500 元，总价值 15000 元。你享有如下权益：第一，会员卡卖掉的钱都是你的。第二，这些人如果成为我的合伙人，你就有 10% 的提成。第三，这些人如果来我们门店进行消费你可以获得消费金额 3% 的提成。第四，如果在三个月内你没有把会员卡卖完，没有赚到 1 万元，你把剩余的卡退回来，我把差额给你补齐。比如你卖掉 10 张会员卡，一张 500，你获得 5000元，三个月后你把剩下的20张卡给我，我把你剩下的5000元补给你。

这种方式保证你稳赚不赔，还怕你不成我的合伙人？

其次，设定高提成可以促进团队合作和竞争意识。当每个人都有机会获得高额提成时，团队内部就会形成一种健康、积极向上的竞争氛围。大家都希望通过超越自己、突破自己的极限来获得更高的回报。这种竞争不仅能够激发员工的潜力，还能够推动整个团队向前发展。

此外，设定高提成也可以帮助我们吸引和留住优秀的人才。在竞争激烈的市场环境中，优秀的人才往往是非常宝贵且稀缺的资源。而高额提成可以为他们提供一种有吸引力的福利待遇，使他们愿意加入我们团队并长期留下来。这样一来，企业就能够保证团队拥有足够多的人才，并且持续地保持竞争力。

### （三）搭建平台，员工变合伙人

企业的大多数员工都是员工思维，能做好职责内的事，能做好安排做的事，但缺乏思考力，不重视结果，不能与企业携手创造未来。如果企业将更多的员工变成合伙人，结果就会不一样，因为合伙人出钱出力，将个人的职业与企业的事业，个人的收入、发展与企业的利润、愿景紧紧捆绑在一起，企业老板与员工“上下

学员实操案例

## 卤味店通过员工合伙裂变实现业绩倍增

姜总是一个做卤味食品的老板，专门做真空包装的卤菜、卤肉等散装零食还有礼盒产品。其品牌传承了上百年，还被评为"非物质文化遗产"。姜总最大的一家店在机场，但是门店业绩一直不好，经过分析发现，主要原因是员工工作动力不足，情绪消极，店里一片死气沉沉。

于是，姜总做了如下激励机制调整。

**招数一 超额业绩重奖励**

激励标准由原来的"店内日营业额目标 6000 元，店长月工资底薪 4000 元，提成 1%" 调整为"店内日营业额目标 6000 元，店长月工资底薪 4000 元，提成 1%，店内日营业额超过 6000 元，超出部分额外分给店长 30%"。

**招数二 店长合伙开新店**

姜总与店长合作开新店，把员工变成合伙人，新店给合伙人 40% 分红，同时给新店店长一定比例的激励。

激励机制调整后，仅仅用了 20 天，店内日营业额由原来的 6000 元变成了 20000 元，去掉保底的营业额 6000 元，多出来的 14000 元店长可以拿到 4200 元，也就是一天拿了过去一个月的工资，合伙人的身份转变也给店长带来成就感。

这就是激励机制带来的动力，不是员工不愿意干活，不是店长没有更高的发展目标，而是激励没有到位。

同欲、力出一孔"，企业想做不好都难。

员工变成合伙人，并不是一句口号，而是要依靠实实在在的机制与利益去不断地驱动。老板要懂得分钱，舍得分钱，制定好合伙人奖励机制，成就员工，为员工提供一个好的合伙平台，提供一个好的激励机制，这样才能实现员工与企业共同发展，共享收益，真正实现双赢。

### （四）设定代理商内部晋升通道，优秀员工变老板

代理商又称商务代理，是在其行业管理范围内接受他人委托，为他人促成或缔结交易的一般代理人。代理商是代企业打理生意，是甲方给予商家佣金额度的一种经营行为。所代理产品的所有权属于甲方，而不是商家。因为商家不是售卖自己的产品，

# 冲哥说：

## 选择合伙人的标准：在哪赚钱？和谁赚钱？因什么赚钱？

而是代企业转手卖出去。所以“代理商”，一般是指赚取企业代理佣金的商业单位。在代理商机制下，企业负责打造良好的品牌载体，给予代理商合理的销售政策，代理商在企业整体品牌战略的前提下进行区域品牌运营。做好产品的分销、品牌推广、售后服务等，共同拓展市场。

代理商机制一直以来都是渠道营销的重要方式之一，即使是在今天大数据营销、新媒体营销为主导的大环境下，遍布在全国各地的代理商营销网络依然在大部分企业的营销工作中发挥着举足轻重的作用。

只有进行了利益绑定，优秀的员工才能留得长久。因此我们要制定员工晋升代理商通道，具体操作主要看两个条件：第一要看有没有能力，合不合适；第二要交代理费。与此同时，企业要做好相应的代理政策与考核机制，确定责权利，明确利益分配机制与代理授权收回机制。调动每一个有能力、有资源的人的积极性和创造力，助推企业与个人更快发展。

团队激励除了要有好的激励机制，通过激励兑现，建立团队信心也很重要。团队信心十足，执行力自然就会很强，效益自然就会提高。普通的公司是让有能力的人坚守本职工作，优秀的公司是让每一个普通人都变得不普通，只有优秀的公司，才能打造出一支高效、有战斗力的团队，才能在残酷的商业竞争环境中赢得生存发展机会。

# 赢在共赢

一个真正的成功者，希望带着员工成为合伙人，成为利益共同体，真正成为企业共同富裕者。

——王冲

赢是共赢，是企业发展的原点与初心。

在竞争激烈与利润空间持续压缩的整体环境中，任何企业都无法单赢，企业想要破局，进而突围，必须要有共赢的思维、格局和模式，以携手合作的姿态整合资源，与利益相关者和社会共生、共赢。

构建人类命运共同体，实现共赢是国际发展大趋势，亦是行业、企业高质量发展的必由之路。企业要改变思维，将共赢作为具体指导思想与实施过程，在战略的设定、团队的激励、流量的获取、变现的设计、产品的架构过程中，时刻思考如何共赢，如何构建共赢体系，引爆财富效应，留住核心人才，整合关键资源，实现多元共赢。

# 一、共赢思维

拥有共赢思维，是企业取胜的法宝。企业应该从股东利益至上的单赢，回归到利益相关者的共赢思维。

共赢思维的根本特征就是：为顾客创造价值，与伙伴分享收益，推动行业高质量发展，促进社会和谐与可持续发展。共赢思维应该有三重底线、七面思考。三重底线即环境保护、社会责任、相关者利益，进而实现企业与股东、合伙人、员工、供应商、渠道商、同行业者、社会七个方面的共赢。

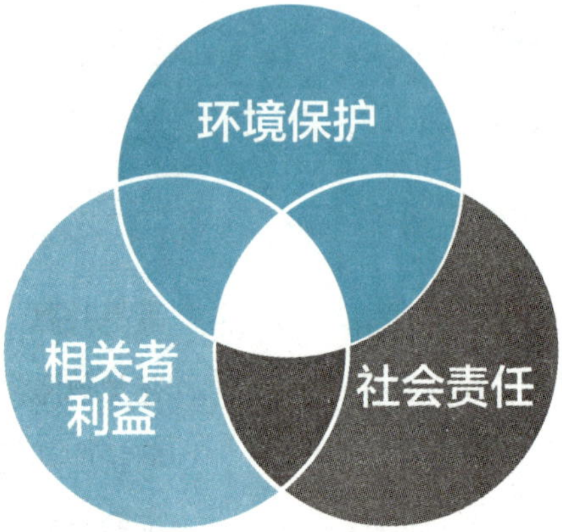


三重底线

共赢

## （一）与内部及上下游企业之间的共赢

这是一个合作共赢的时代，这是一个资源共享的时代，这是一个优势互补的时代。一个人能与多少人合作就能成就多大的事业，一家企业能与多少企业合作就能成就多大的平台。

你能整合多少资源，多少渠道，你将来就会得到多少财富。打造利益共同体，是企业与上下游共赢的重要方式，可以参考以下五个方面。

### 1. 建立合作伙伴关系

与上下游合作伙伴建立紧密的合作关系，共同制定战略目标和规划，分享信息和资源，协同工作，实现共同利益。

### 2. 实施供应链金融

通过供应链金融工具，如供应商融资、订单融资等，提供上游供应商资金支持，帮助其提高生产能力和质量，从而提升整个价值链的效率和质量。

### 3. 优化库存管理

通过准确预测需求，精确控制库存水平，避免库存积压或缺货，减少资金占用和物流成本，保证上下游供应链的顺畅运转。

### 4. 共享信息系统

建立共享信息系统，实现上下游之间的信息交流和协同决策，提高对市场变化的敏感度和反应速度，减少不必要的沟通和协调成本。

### 5. 制定激励机制

设计合理的激励机制，促使上下游合作伙伴共同追求利益最大化，如设定奖励机制、分享利润等，激发合作热情和积极性。

企业与内部及上下游企业之间的共赢是指，企业与股东、合伙人、员工以及供应商等，通过合作实现互利以及可持续发展的目的。追求共赢，并不意味着企业放弃逐利，而是要与大家共同创造更大的价值。

# 冲哥说：

**一个真正成功的人，是把周围的人都变成了利益共同体。**

华为通过与全球合作伙伴分享技术成果实现共同繁荣。这种共赢理念帮助华为构建了广泛的高质量合作关系，推动了整个行业的进步。

又如，长虹电器致力于提高供应链的透明度，与合作伙伴共享信息，保持长期稳定的供应关系，这种坚持以诚信为基础的共赢思维使得长虹在渠道市场中实现了可持续发展。

蒙牛：

实现五方共赢，蒙牛支持牧场伙伴奶量翻番

2023 年，蒙牛集团通过打通“牧场、奶牛贸易商、金融机构、蒙牛集团、爱养牛平台”五大利益机构联结，在金融创新、牛源保障、技术助力三方面，实施新模式、新政策，与产业链上下游协同发展，实现五方联合共赢。

金融创新方面，蒙牛集团将联合浙商银行、兴业银行等金融伙伴，为牧场发展壮大提供 150 多亿元授信资金支持，并实施奶牛扶持资金“抵押后置”创新模式，让牧场伙伴快速补栏扩产。牛源保障方面，通过蒙牛爱养牛平台扩大进口商资源，争取更多便利性和优惠政策，同时建立牧场购牛售牛渠道，及时互通、信息共享，搭建成熟的牛源渠道。技术助力方面，蒙牛集团将通过整合国内先进技术力量，聘请专家，实地解决牧场疑难问题，打造全方位的“牛人”培养体系，助力牧场高质量发展。

# 调味品行业：整合上下游，不投资收购工厂

学员实操案例

陆总做调味品的生意已经有几十年了，如何能将这个事业越做越大，实现扩张，占据更多的市场份额？这个问题一直困扰着陆总。在去年偶然的机会接触了王冲老师的课程后，经过半年的学习和老师的辅导，陆总利用以下两招实现了企业变革。

**招数一 扶持下游**

步骤 1 与下游餐厅合作，交 5000 元给 5000 元的货；

步骤 2 每个月返 418 元；

步骤 3 12 个月把 5000 元全部返还；

步骤 4 如果一年内消耗调味品总金额在 20 万到 30 万元，送一台价值 39800 元的新能源电动车。

步骤 5 如果消耗调味品总金额做到 30 万到 50 万元，送一台价值 49800 元的电动车。

步骤 6 如果消耗调味品总金额做到 50 万元以上，送一台价值 59800 元的电动车。

**招数二 整合上游**

步骤 1 找上游厂家，给厂家 100 万元；

步骤 2 让厂家转让 49% 的股份给陆总；

步骤 3 厂家一年的产能只能做到 1200 万元，利润 10%，如果产能做到 5000 万元，利润会有 25%；

步骤 4 如果陆总能将销售额保底完成 5000 万元，工厂老板再转让股份；

步骤 5 如果达成目标，再奖励陆总 100 万元。陆总给下游的方案具有很大诱惑，是在以亏损的方式做引流；用对赌的方式，没花一分钱得到了一家工厂。

共赢思维，是企业文化的出发点和发展根本，它能够塑造公司价值观，提高组织吸引力，建立品牌持久影响力，推动企业创新，让企业更好地适应内外部市场环境变化，实现长足发展。

## （二）与社会生态共赢

企业与社会生态之间的共赢，是企业肩负着民富与国强的使命，企业家精神的正能量和积极发展的态度推动着国家民营经济的车轮向前驱动。对于企业来讲，在一个复杂多变的社会体系中，企业需要将自身利益融入更广泛的社会生态系统的利益中才能取得长期成功。

对于企业而言，积极参与并贡献于社会生态的共赢思维是至关重要的。不管是企业初创阶段，还是昌盛时期，企业都需要承担起社会责任，为推动人类社会和自然环境的可持续发展创造积极影响力。随着市场经济越发成熟，越来越多的中国企业开

### 伊利：坚持绿色发展，推动美好家园建设

乳制品行业横跨一、二、三产业，从饲草种植、奶牛养殖、产品加工到终端销售等各个环节都会涉及碳排放，要想实现全产业链、全生命周期的碳中和，对行业来说挑战巨大。

绿色是伊利发展的内在基因。早在 2007 年伊利就率先提出“绿色领导力”，并在 2009 年升级为“绿色产业链”战略，倡导“绿色生产、绿色消费、绿色发展”三位一体的发展理念。2020 年，伊利积极响应“中国 2060 年前实现碳中和”的国家目标，正式承诺实现碳中和。2022 年 4 月 8 日，伊利再次细化承诺，发布了中国食品行业第一个“双碳”目标及路线图。

2023 年伊利联合 43 家全球战略合作伙伴启动行业首个“零碳联盟”，以促进供应链间的低碳合作。2023 年 1 月 10 日，伊利集团召开首届全球合作伙伴零碳联盟峰会，11 家供应商获得“伊利集团全球供应链低碳先锋”。

不仅如此，伊利还集成了供应商关系管理系统和安全、环境、能源、质量管理系统，搭建了供应商碳排放数据收集信息化系统，计算准确率从 95% 提升至 100%；对供应商进行一对一全程辅导，引领 17 家供应商完成低碳转型，预计年度减少碳排放量超 5000 吨。

从 2007 年“绿色领导力”的提出，到 2021 年“全面价值领先”目标的发布，再到 2023 年首个“零碳联盟”，伊利的可持续发展“因绿而兴”，最终锚定“共享美好”目标。当企业为消费者和社会创造价值时，两者也会让企业收获更多支持与信赖，最终反哺企业的可持续发展，形成良性循环。

始关注企业社会责任，企业每年会发布环境、社会及公司治理报告，以此来推动企业高质量发展。

## 二、企业共赢

每个企业都应该有一个超越赚钱的更高使命，对公司而言，更高的使命是对世界有所作为。

肩负这样的使命就要用共赢的思维去思考公司的战略决策。以用户为中心，与用户

共赢才能打造出对用户有价值、有帮助、有温度的产品；与全渠道共赢，优先考虑让他人获利，才能为公司吸引流量；帮助上下游渠道、经销商和合作伙伴设计变现方案，才能用模式让公司实现现金流；要与团队共赢，用共赢的思维去建设团队、培养团队，共赢的精神才能融入为用户服务中去，让用户感受共赢思维与文化，让共赢的思维融入全社会。

## （一）信息、资源、用户、渠道全方位共赢

全方位共赢是流量、资源、资金的互换、支持与共享。例如，飞鹤乳业 2018 年启动了全面数字化转型，确立了共赢思维原则；2021 年，飞鹤发布了以“产业共富、生态共建、用户共创”为核心的可持续发展报告，为行业数字化转型交上了一份领先的答卷。

正如飞鹤乳业所说，其在数字化转型过程中的共赢思维落地，不管技术问题有多难，都得解决“价值创造”的问题。如果在数字化转型中，合作伙伴没受到任何影响，

学员实操案例

## 不花一分钱整合餐厅，一月收款 160 万元

小徐想自己创业，却不知从何处入手，小徐父亲把他送到了王冲老师的课堂，希望能有所改变。没想到经过半年的学习，小徐不花一分钱整合了一家餐厅。

**招数一　破点**

步骤 1　寻找要转让的餐厅，去那里吃饭；

步骤 2　调查餐厅的亏损原因；

步骤 3　调研分析后与老板谈判。

**招数二　不花钱整合赢利**

步骤 1　将 120 万元转让费主动涨到 150 万元；

步骤 2　转让费分 12 个月给到餐厅老板，一年内给齐；

步骤 3　给原餐厅老板 10% 的分红。

**招数三　免费引流**

步骤 1　7 岁以下儿童用餐免费；

步骤 2　儿童用餐需要父母陪同。

**招数四　充值卡**

步骤 1　充 1000 元送 1500 元；

步骤 2　充的 1000 元直接在卡里；

步骤 3　送的 1500 元中的 1000 元是消费抵扣券，每张 50 元，共 20 张；

步骤 4　另外 500 元可以购买店里的海鲜、菜品、米面粮油；

步骤 5　如果不能一次性带走，也可以分批次，只需要付快递费，就可以将食材快递到家。

**招数五　线下线上融合**

步骤 1　通过整合上游的菜品供应商、调料供应商搭建线上商城；

步骤 2　建立会员系统；

步骤 3　将充卡的会员引流到线上；

步骤 4　会员可以在商城里购买果蔬蛋肉以及调味品等商品；

步骤 5　消费即送积分，积分可以兑换商品。

**招数六　公司创客化**

步骤 1　商城设置分销系统；

步骤 2　让员工从雇佣关系变成合作关系，在朋友圈或其他渠道分享商城；

步骤 3　只要有人通过分享进入商城消费，员工就有相应的返现金额和积分；

步骤 4　现金可以随时提现，积分可以兑换商品。

小徐通过充卡送券、送产品，吸引了大批的客流，在一个月的时间内收了 160 万元，并通过会员和线上商城实现了收入链的延伸。

并且还能帮助他们提高利润的话，未来他们都会愿意与你合作。飞鹤乳业希望通过品牌的带动，把飞鹤品牌变成价值，这种价值可以传递给消费者，更与所有的合作伙伴实现真正的共生共存。有了这种共生模式，企业才能实现长期发展。飞鹤把这个门找到了，未来将继续坚持线上线下的共生共赢模式。

### （二）企业内部 / 外部共赢

企业以共赢思维为纲，可以激励、吸引和赋能各利益相关者。尽管赢利是衡量企业运作成败的众多重要指标之一，但是，企业的存在不仅仅是为了产生利润，还旨在为其所有利益相关者创造多种价值。

# 冲哥说：

**你有你的资源，我有我的资源，大家的资源都很少，为什么不相互借助呢！**
**你借你的，我借我的，大家一切非我所有，但一切可以为我所用。**

## 1. 企业内部共赢：投资人、合伙人、员工等

**与投资人共赢：**共享经济利益是实现与投资人共赢的关键。鼓励投资人参与公司治理决策，与投资人分享企业的成长故事以及未来发展规划。

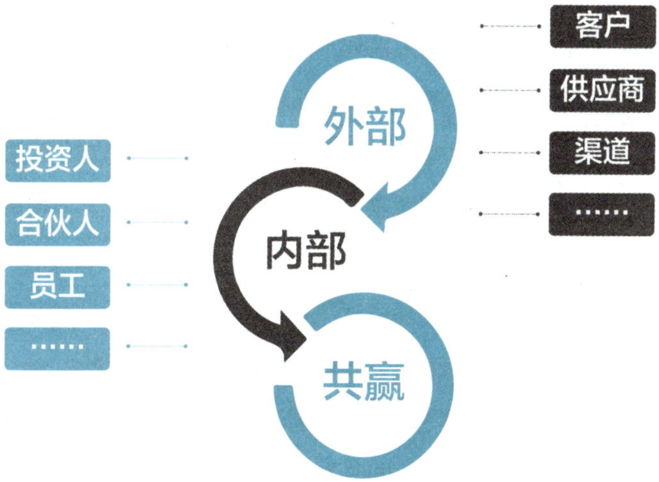


**合伙人：事业共赢的终极目标**

愿景共识、风险共担、价值共创、利益共享，是合伙制的基本理念，“共赢”则是合伙人与企业共同追求的终极目标，因此有人说：“中国式合伙，始于初心，敬于才干，合于协作，久于股权，终于共赢！”

根据合伙人不同的境界，可以分为不同层次的共赢。最直接、最基础的共赢是利益共赢，即企业有了收益，合伙人共同分享。这一层次容易出现“以利相交，利尽则散”

的问题。更高层次是事业共赢，即合伙人有共同的团队共识、愿景、使命、价值观，有共同的事业目标，这样的合伙人团队具有更高的凝聚力和战斗力，也能够推动企业走向更辉煌的成功！

## 冲哥说：

**整个商业的逻辑，就是打造一个共赢共同体。**

实现事业共赢的终极目标，企业与合伙人需要注意以下五点。

**共同制定明确的目标和规划：** 合伙人需要共同制定明确的目标和规划，明确各自的职责和分工。看准共同的目标价值，把握大局观，避免出现分歧和冲突。

**公平分配权利和利益：** 合伙人间应该有公平、合理的权利和利益分配机制，避免出现谁的利益被忽视的情况，同时要建立公平的激励和奖励机制，激发每个人的积极性和创造力。

**建立有效的沟通机制：** 合伙人之间需要建立有效的沟通机制，及时沟通决策、进度和问题，避免信息不对称和重复工作，提高工作效率和结果质量。

**保持长期利益一致：** 合伙人之间需要保持长期利益一致，处理好短期利益和长期利益的关系，以公司的长期发展为重，同时也要关注每个人的个人利益和长期发展。

**培育合伙人思维，帮助员工成长：** 管理学大师德鲁克曾说，管理就是激发善意。员工的发展在某种程度上决定了企业能走多远，能做多大，培养人才、培养接班人是一个企业最重要的发展大计。

因此培养内部员工的合伙人思维很有必要，需要每个人心中都有梦想。怎么才能让团队更多的成员成为具有合伙人思维的员工，这需要企业家具备合伙人的平台思维，打造平台的创新机制，培育产生合伙人思维的环境和土壤，建立合伙人机制。

# 冲哥说：

## 只有利益共同体，才有事业共同体。

可以参考阿米巴经营管理模式。具体来讲，在公司划分出很多个最小的赢利单元，独立核算的事业部、利润中心、成本中心。明确财务收支核算原则，而且这种原则越简单越好，让平台上的员工都能够算得出来事业部成本、收入、收益。在这种情况下，整个团队就会上下充满信心，大家就会同心协力去追求更好的经营结果。公司要提供系统的赋能支持，比如说品牌打造、技术迭代、供应链人员培训等，来帮助事业部取得更好的业绩，这样形成一个良性循环。

### 面粉企业：
### 与上下游共赢

近年来，某面粉公司把参与企业经营的客户、农户、员工、国家、企业有机地组成一个利益共同体，实现了客户愿买、农户愿卖、员工愿干、企业赢利、国家税收增加五方共赢的良好局面。公司日加工小麦 2600 吨，年加工小麦 90 余万吨，年产值 20 亿元，税收 900 万元。一是严把产品质量关。为了保证产品质量，公司建立了科学的质量管理体系，确立完善先进的在线质量控制，从原粮进厂到小麦清理、制粉、入库、出库每个环节都有严格的控制体系，并划出关键质量控制点，重点实施监控。二是提高服务质量关。将市场信息反馈及客户建议处理工作作为日常工作中的重中之重，以便及时改进工作，服务客户。建立了“客户投诉接收与处理制度”，及时分析、解决客户投诉，第一时间服务帮助客户。三是重视品牌发展观。让品牌建立在产品质量稳定和诚信经营的基础之上，是公司健康发展所遵循的原则。

## 2. 企业外部共赢：客户 / 供应商 / 渠道商等

管理学大师德鲁克对互联网的影响力有过十分肯定的判断："互联网消除了距离。"这种影响具体表现为两点：一是消除了空间的地理距离，二是改变了信息不对称的主动方和被动方的地位。以上两点影响的结果是顾客的主导地位得以确定。通过与客户建立起生意上的合作关系，持续为客户提供专业一体化服务支撑，用行动赢得信任，以实力实现共赢。"与每个客户成为伙伴，为每个伙伴创造价值"，应是企业不变的信念，通过价值塑造口碑，塑造了一段又一段友谊，成就一个接一个共赢。

**与客户共赢：**从客户出发，以客户为中心，提供高品质产品或服务，并满足客户根本需求，让消费者满意，实现与客户共赢。例如，小米公司对 100 个发烧友级别的粉丝深度调研，并请他们参与软件开发测试，为全球小米粉丝打造出了体验感超预期、价格令人尖叫的小米系列手机，并以"让全球每个人都能享受科技带来的美好生活"为纲领，建立了小米生态链，让每一类产品都有爆品，让客户惊喜，成为感动人心的产品创造者。

**与供应商共赢：**与供应商建立长期稳定的合作关系，确保公平贸易原则，信息公开透明化、共享化，以实现共赢局面。例如，一汽-大众与供应链伙伴惺惺相惜，同舟共济，带动了整个中国汽车零部件配套体系的发展和能力提升。为供应商提供培训和技术支持，尽量减少风险，共享技术、市场信息等资源，有利于合作伙伴在竞争中获得更多发展机会。例如，鸭鸭羽绒服品牌充分利用互联网媒体与直播平台，让用户先选品再预定，供应商按量生产，减少库存积压风险，大大降低了供应商的成本，提高了品类迭代速度。

**与渠道商共赢：**在分销网络中给渠道商提供良好的支持，并用好的模式和机制让渠道商充分得到利润，能促进双方共赢。例如，娃哈哈通过联销体的方式给予经销商最大的支持，从娃哈哈的方面来说，可以避免店大欺客、加强对经销商的控制。从经销商方面来说，实现了与娃哈哈的共赢，获得稳定的供货商。苏宁易购与其线下门店经销商共同推动全球化战略，并通过数字化转型计划帮助它们适应新时代需求，分享用户流量、销售数据及市场情报，以加强双方战略配合，实现双方快速扩张。

## 3. 公司外部非利益相关者共赢：同行 / 社会

正如领导力专家西蒙 · 斯涅克提及的那样，每个企业都应该有一个超越赚钱的更高使命。

**（1）与同行业者共赢：建设行业生态**

随着全球经济一体化进程的加快，行业之间在相互渗透，生产经营模式在不断演进，没有一个企业能够在单打独斗的情况下实现长存！尤其是在复杂而多变的互联网时代，没有一种商业模式是长存的，没有一种竞争是永恒的！

在当前消费者“低价高质”的需求下，行业生态平衡是实现高质量发展的重要前提，需要营建边界清晰、专业深耕、互惠互利、合作共赢的行业生态，需要企业抱团取暖，打造合理的发展空间、共创有序的市场环境，这是推动高质量发展的正向选择，也是企业联合触达万亿级市场的正确路径。

学员实操案例

# 解决行业痛点，以平台思维推动行业发展

崔总做传统的家居行业二十几年了，在经营过程中，崔总发现了整个家居行业的几大痛点：行业体系不健全；订单进度和验收无法把控；人员不好管理。带着想解决行业痛点和难题的想法，崔总走进了王冲老师的课堂学习，并通过以下几招对企业进行了重新塑造。

**招数一 场景切割**

步骤 1 在线下：(1) 通过展会、沙龙等活动方式进行销售和招募合伙人；(2) 通过城市合伙人的招募，快速形成品牌直营线下体验店，把服务深入到用户小区，形成产业链。

步骤 2 在线上：(1) 严格筛选设计师、原材料、家具软装上中下游品牌供应商；(2) 各大建材市场门店店主和公司可以通过线上系统找到相关设计师和安装的售后服务；(3) 提供一站式服务，解决用户安装、设计、选材问题。

步骤 3 线上线下融合，互相导流，为行业内的上中下游供应商提供了更广阔的市场空间，最大化让利给客户，摆脱装修选不好、服务不到位的烦恼。

**招数二 构建产业链**

步骤 1 打通国内中心区的线下体验店；

步骤 2 透过线上的品牌植入挖掘用户刚需；

步骤 3 扶植同行的建材、家居、装修店进行产业升级；

步骤 4 改变过去混杂、高流通成本、品质不一的产业乱象，通过分享经济、共享经济把小公司做成大公司，最后做成大家的公司。

**招数三 标准化复制**

步骤 1 建立商学院；

步骤 2 统一培训提高行业设计师和安装工技能；

步骤 3 减少出错率，建立行业标准。

**招数四 收入链赢利**

步骤 1 施工方、建材商家、实体门店的基础服务费；

步骤 2 平台广告费；

步骤 3 运营推广佣金分配。

通过在实体企业和互联网平台落地实践，崔总企业每年的业绩增长几乎都在 30% ~ 50%。崔总搭建的平台成为资源整合的平台，解决了行业痛点，带领同行发展，最终形成个人、公司和平台共生共赢。

与同行业者共赢，可以实现以下目标。

**共享资源：**企业可以通过合作共享技术、产品、市场等多种资源，提高自身的竞争力。

**成本控制：**企业可以通过合作协议实现规模效应，降低成本，提高生产效率和赢利能力。

**市场拓展：**企业可以通过合作协议拓展新的市场和客户，扩大市场份额，提高市场占有率。

**分担风险：**企业可以通过合作协议分担风险和成本，减少企业投资和创新风险。

**弥补不足：**企业可以通过合作协议弥补自身的不足，提高自身的实力和竞争力。

**（2）与社会共赢**

企业只有积极参与到社会活动中来，将自身发展与社会进步紧密结合起来，才能在共生共赢中实现自身以及所有利益相关方的可持续发展。

因此，企业在实现自身商业价值、谋求经济利益的同时，应该树立社会责任的理念，积极自觉履行社会责任以反哺社会，助力社会发展，这就提高了企业自身的社会影响力，树立企业良好的社会形象。通过企业声誉与企业品牌的作用而对企业的长期发展产生重要影响。

## 三、共赢模式

前文以利益相关方的视角阐述了企业的共赢思维的着力点，从企业角度来看，共赢思维可以通过“服务共赢、产品共赢、科技共赢、情感共赢”四种模式来落地。

共赢模式

### （一）服务共赢

用共赢的思维来思考企业的服务模式，体现在四个字——“极致服务”。要做到这一点，就要比别的企业做得更系统、更标准、更细致、更创新。服务的系统与标准是每个企业的标配，例如 5S 标准化服务、五星级服务等；细致体现在人性化的思考，深度挖掘用户的深层次体验与隐性需求，甚至要比用户更懂用户；创新体现在科技与大数据层面，例如智能推荐行车路线、智能推荐购买方案等。

## 胖东来：
## 极致服务，成就商超“海底捞”

作为一家商超，胖东来凭借其卓越的服务质量和商业模式的成功创新，在市场竞争中脱颖而出。

新零售的背景下服务行业越来越关注“人”的重要性，关注消费者的体验。胖东来深谙这一核心规律，以人为中心，将“爱”隐含在各种细节之中，将顾客的购物旅程打造为感受“温暖与尊重”的过程。

购物前：胖东来为养宠物的客群提供了宠物寄存处、动物饮用水、排便袋等配套措施，让顾客放心也乐意将宠物放在寄存处。

购物时：胖东来为顾客提供了 7 种不同款式、不同功能的购物车与购物篮，满足不同客群的需求。超市的货架上提供放大镜，方便视力退化的老年人看配料表。胖东来设置专业的母婴室，在母婴室内提供冰箱、消毒柜、湿巾、温奶器、纸尿裤、婴儿床、开水、温水等一系列专业装备和服务。

当购物遇到手机没电时，免费充电宝随时提供。不仅如此，在胖东来免费电话、免费饮水、免费冰块……光免费的服务就有几十种。

就连洗手间它也根据不同人群设置了儿童卫生间、无障碍卫生间，方便小孩、老人或残疾人士使用。

购物后：早在 1999 年，胖东来就做出了“不满意上门退换货”的承诺，无论顾客对商品有什么疑问都第一时间安排工作人员一对一处理，这样快速的反应能力让顾客在胖东来买得安全放心，极大增加对胖东来的信任感。

同时胖东来还设置专门的意见台，通过留言簿的形式倾听顾客的意见，持续精进自己的服务与落地体验，与顾客形成良好的正反馈。

## （二）产品共赢

产品市场各商家之间“卷”得非常严重，为产品注入产品精神是实现产品共赢的方式之一。例如，安踏传达“永不止步”的产品精神，表明国产运动品牌向世界品牌迈进的决心，以及体育精神“永不言败”的传递。产品精神是产品的软实力，通过精神层面与客户共鸣，但是，只注重软实力，产品吸引力依然是不足的。

客户愿意购买一款产品，就代表客户希望这款产品能够给自己带来一定的价值。比如食物产品可以让客户享受美食；面膜产品可以让客户改善自己的皮肤；手机可以让客户打电话和上网，这些都是产品的价值所在。解决需求问题是产品价值与客户价值的共赢，所以在制造一款产品前需要考虑到产品究竟能给客户带来什么价值。

## （三）科技共赢

在互联网科技领域，近年来大数据算法与 AI 风头一时无两，成就了众多科技公司。其中，大数据算法根据用户画像和使用习惯，为用户定制化推荐个性需求的信息与服务，节省了用户选择成本与时间成本，让企业更深入了解用户，个性化解决用户痛点，更好地创新服务特色，避免同质化。

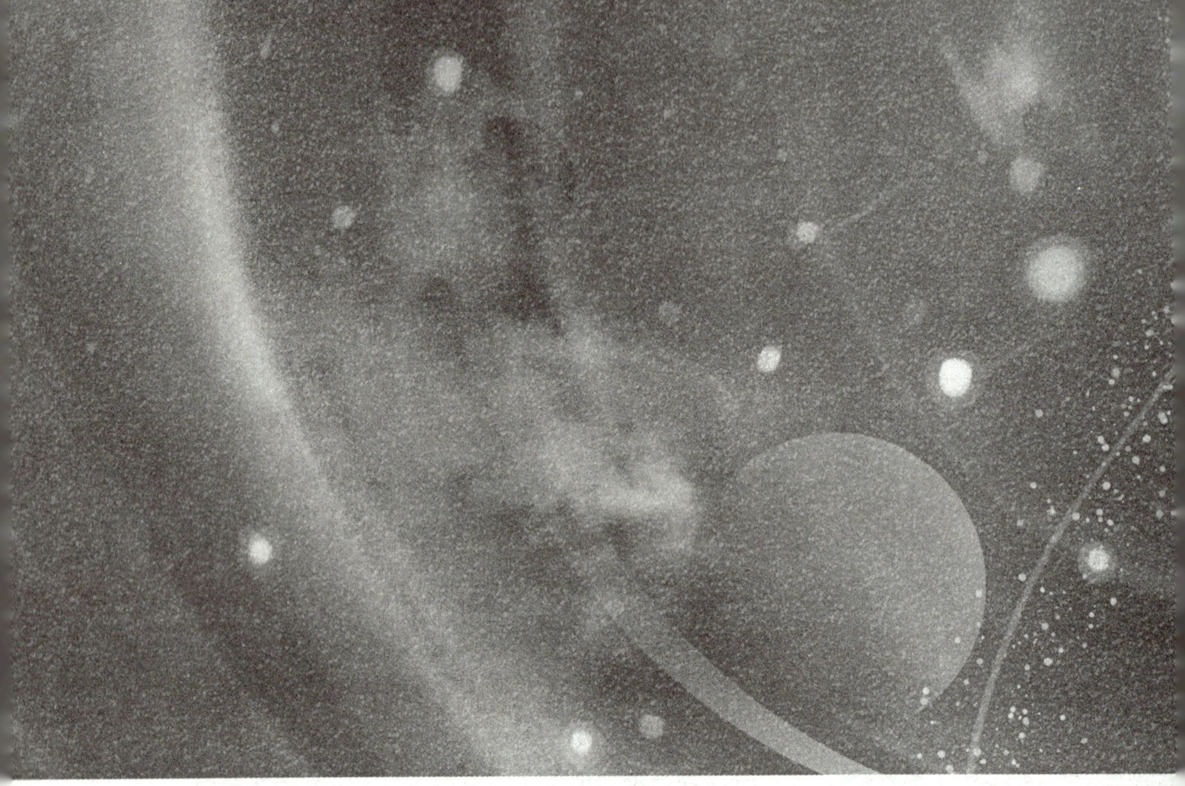

AI 赋能了家居、交通、教育、服务等众多行业，让用户享受 AI 带来的便捷，加速了科技进步，实现科技共赢。

## （四）情感共赢

共生共赢是一种相互依存、相互支持、相互促进的最佳的情感关系。例如，洁婷作为一家专注于女性卫生健康的企业，通过情感共鸣实现了与用户的共赢。洁婷强调关怀和支持，致力于传递对女性身心健康的真挚关爱，在广告宣传中强调互相扶持、激励士气和自我照顾等主题，打造出温暖动人且引发情感共鸣的形象。这种营销策略让消费者更容易产生认同感并建立品牌忠诚度，也有利于塑造一个积极向上而受欢迎的品牌印象，并吸引更大规模的用户群。

## 360：启航数字安全生态，与合作伙伴筑牢数字安全屏障

“数字中国”战略已成为引领我国高质量发展的主要动力之一。作为护航“数字中国”战略落地的排头兵，360 发挥自身深厚安全积累，布局“上山下海助小微”，通过上科技高山、下数字化蓝海、助力中小微企业为数字经济、数字政府、数字社会的建设提供全方位的安全解决方案。

在“上山下海助小微”的战略指引下，360 将其近 20 年来在数字安全领域所研究的丰富技术和实践成果转化为数字安全运营体系开放出来，可以提供涵盖终端安全、信创安全、数据安全等不同场景的商业市场安全解决方案，为合作伙伴提供有力的技术赋能。

360 通过企业安全云为中小微企业提供新一代数字安全 SaaS 服务，助力中小微企业实现“共同富裕”。

# 四、共赢未来

共赢思维不仅代表一种商业模式，更象征着命运的紧密联系，是企业的最高战略。

在科技高速发展的时代，在企业生存上，单方面发展已经无法适应当今复杂且相互关联的商业环境。许多成功企业都是以合作、协同为基础，而非单纯的竞争。没有一个公司能够完全依靠自己。

在企业发展上，单打独斗难以成就辉煌，只有通过建立良好的合作关系并形成共享资源与信息流动的网络，才能真正做到长期稳定发展。唯有通过跨界合作、资源整合和开放创新才能应对变革，并实现更高层次上的共赢效果。

对企业而言，追求利润最大化是与生俱来的使命，本书所阐述的赢在流量、赢在产品、赢在团队、赢在变现等都是对此最好的注脚。但是，企业还有更高的使命，那就是对社会生态有所作为——积极履行社会责任、助力生态环境保护、引导社会向上向善。

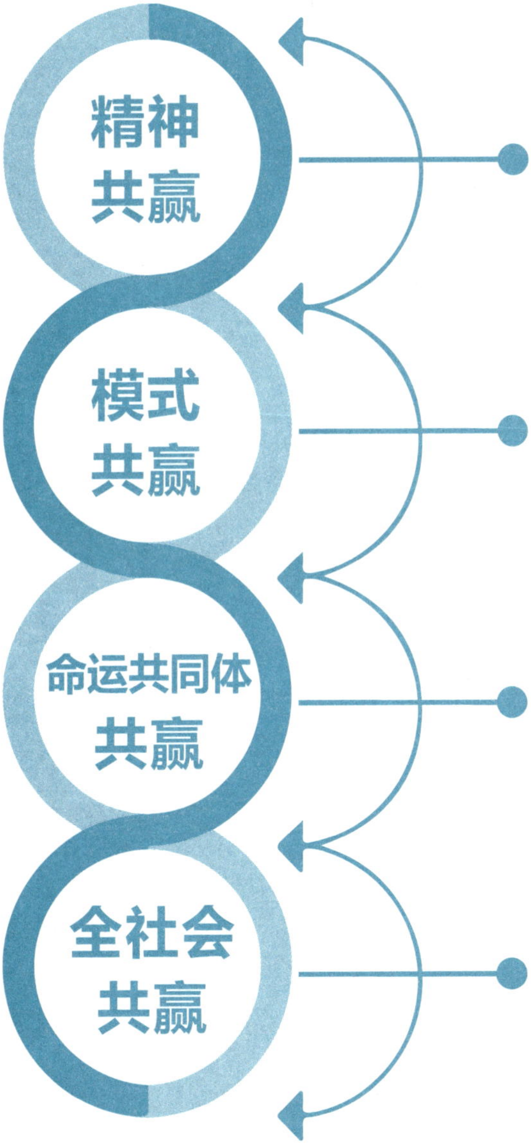


是一种新商业文明，它远远超越传统竞争思维，体现出协同与分享精神。

是一种新商业模式，通过合作创造更大的价值。

是一种全球价值观，企业和利益相关方紧密相连，互为依存。

是人类进步的阶梯，是推动社会发展的核心动力。企业追求合作共赢，才能应对当今复杂且多元的社会环境，建立丰功伟业！